Philostratos

Erotische Briefe

Philostratos

Erotische Briefe

Epistolai Erotikai

Zweisprachige Ausgabe
von Kai Brodersen

marixverlag

Bibliografische Information der Deutschen Nationalbibliothek
Die Deutsche Nationalbibliothek verzeichnet diese Publikation in der Deutschen Nationalbibliografie; detaillierte bibliografische Daten sind im Internet über http://dnb.d-nb.de abrufbar.

Covergestaltung: Kerstin Göhlich, Wiesbaden
Bildnachweis: Mauritius images / Ancient erotica in the Gabinetto Segreto (National Archaeological Museum Naples): Satyr
Satz und Bearbeitung: Kai Brodersen, Erfurt
Gesetzt in der DejaVu Sans
Gesamtherstellung: CPI books GmbH, Leck – Germany

ISBN: 978-3-7374-1070-0

www.verlagshaus-roemerweg.de

Inhaltsübersicht

Einführung 7
Der Sophist Philostratos 7
Philostratos' Liebesbriefe 10
Zur Überlieferung des Textes 11
Mythos und Geschichte 14
K – Kronos 14
Z – Zeus 15
A – Argonauten 16
T – Der Krieg um Troja 16
M – Weitere Mythen 17
P – Personifikationen 18
F – Flüsse und Flussgottheiten 18
S – Städte, Länder, Völker 18
D – Denker und Philosophen 19
L – Literaten und Künstler 20
H – Historische Persönlichkeiten 20
E – Empfängernamen 21
Liebe und Verliebtheit 22
Zum Nachleben des Werks 23

Philostratos
***Epistolai erotikai* / Erotische Briefe** 27

Anhang 125
Weiterführende Literatur 125
Konkordanz zu älteren Ausgaben 128

Einführung

Der Sophist Philostratos

> Philostratos I. aus Lemnos, Sohn des Verus, Vater Philostratos' II., auch selbst ein Sophist, wirkte als Sophist in Athen, lebte zur Zeit Neros, schrieb sehr viele panegyrische Reden, vier Eleusinische Reden, Lehrvorträge, Probleme bei den Rednern, Rhetorische Grundlagen, Über das Nomen – dies gegen den Sophisten Antipatros –, drei Bücher über die Tragödie, Gymnastikos – über das, was in Olympia durchgeführt wird –, Lithognomikos, Proteus, Hund oder Sophist, Nero, Zuschauer, 43 Tragödien, 14 Komödien und sehr viele andere der Rede werte Werke. Zu dem Leben des Pythagoras schrieb Philostratos aus Lemnos »Das zu Pythagoras passende Leben«.
>
> Philostratos (II.), Sohn des Philostratos (I.), der auch Verus genannt wurde, des Sophisten aus Lemnos, auch selbst ein Zweiter Sophist, wirkte als Sophist in Athen, dann in Rom unter den Kaisern (Septimius) Severus bis Philippus (Arabs). Er schrieb Lehrvorträge, Liebesbriefe, Bilder, d. h. Beschreibungen (von Bildern) in vier Büchern, Agora, Heroïkos, Diskurse, Ziegen oder über den Aulos (die Flöte), das Leben des Apollonios von Tyana in acht Büchern, die Leben der Sophisten in vier Büchern, Epigramme und manche weitere Werke. Allerdings sollte man ihn wohl als ersten setzen. (Suda Φ 422 und 421)

Zwei sehr produktive antike Autoren namens Philostratos werden in diesen Lexikonartikeln vorgestellt, die sich in der im 10. Jh. n. Chr. zusammengestellten *Suda*-Enzyklopädie finden. Die Artikel gehen wohl auf sonst verlorene antike Angaben

zurück. Allerdings sind die Informationen recht verworren, so kann der erste Philostratos nicht »zur Zeit Neros« gelebt haben, wenn er Vater des zweiten Philostratos gewesen ist, der »unter den Kaisern Severus bis Philippus wirkte«. Nero war nämlich von 54 bis 68 n. Chr. Kaiser, Septimius Severus von 193 bis 211 n. Chr. und Philippus Arabs von 244 bis 249 n. Chr. Der altertumswissenschaftlichen Forschung ist es dennoch weitgehend gelungen, die Angaben der Suda zu sortieren.

Der Autor des hier vorgelegten Werks war demnach der gelehrte Flavius Philostratos (II., um 170–250 n. Chr.). Er stammte aus einer führenden Familie in Athen, die auch über Besitz auf der Insel Lemnos verfügte und gute Beziehungen zu den jeweiligen römischen Kaisern pflegte. Der junge Philostratos empfing seine philosophische und rhetorische Ausbildung zum »Sophisten« – zum »Konzertredner« (zu dessen Vorträgen das Publikum wegen seiner Redekunst kam), Lehrer und Autor – wohl vor allem (oder gar ausschließlich) in Athen. Wahrscheinlich hatte Philostratos später in Athen ein hohes Amt inne; jedenfalls nennen in Athen gefundene Inschriften aus dem ersten Jahrzehnt des 3. Jh.s (Agora XV, Nr. 447–449) einen Lucius Flavius Philostratos als »für die Waffen zuständigen Strategos«. Der Inhaber dieses Amts regelte seinem martialischen Titel zum Trotz seinerzeit vor allem die Lebensmittelversorgung in Athen, was dem Amtschef wohl genug Mußezeit beließ.

Einer von Philostratos' Lehrern, Antipatros von Hierapolis, stand im Dienst des römischen Kaisers Septimius Severus (s. o.); er war auch

an der Ausbildung des Caracalla und des Geta beteiligt, der beiden Söhne des Kaisers und seiner Ehefrau Iulia Domna. Letztere hatte einen Kreis gebildeter Menschen um sich geschart, zu denen auch Philostratos selbst gehörte, insbesondere in der Zeit, als Caracalla seinem Vater als Kaiser nachgefolgt war (211–217 n. Chr.). Nach der Ermordung des Caracalla und dem Selbstmord der Iulia Domna im Jahr 217 n. Chr. scheint Philostratos sich wieder in Athen als Sophist betätigt zu haben und schließlich als großer Sohn der Stadt geehrt worden zu sein. Davon jedenfalls zeugt eine in Olympia gefundene Inschrift; an diesem Schauplatz aller Olympischen Spiele der Antike kamen Menschen aus der ganzen griechischen Welt zusammen und konnten hier lesen:

> ἀγαθῇ τύχῃ. / δόγματι τῆς Ὀλυμπι/κῆς βουλῆς Φλ(άβιον) / Φιλόστρατον Ἀθη/ναῖον, τὸν σοφιστήν, / ἡ λαμπροτάτη πατρίς.
>
> Mit gutem Glück! Auf Beschluss des Olympischen Rates (ehrt) den Flavius Philostratos von Athen, den Sophisten, die glanzvollste Heimat.
>
> (Inschriften von Olympia, Nr. 476)

Eine im kleinasiatischen Erythrai erhaltene Inschrift nennt später u. a. Philostratos' Ehefrau Aurelia Meletine und seinen dort wirkenden Sohn Lucius Flavius Capitolinus (Inschriften von Erythrai, Nr. 63).

Die in diesem Lebenslauf genannten Stätten Lemnos, Athen, Olympia und Erythrai begegnen uns übrigens auch in dem Werk des Philostratos, das in diesem Band präsentiert wird: in seinen fiktiven Liebesbriefen.

Philostratos' Liebesbriefe

In der Tat sind von Philostratos bis heute mehrere Werke erhalten: Wohl bereits vor oder in den 220er Jahren n. Chr. entstanden eine Schrift »Über das Training« (*peri gymnastikes / Gymnastikos*) wie auch eine über Heroën (*Heroïkos*). Im Auftrag der bereits genannten Kaisergattin Iulia Domna verfasste er wohl danach eine Biographie des Apollonios von Tyana, zu nicht bestimmbarer Zeit ein Werk über Bildbeschreibungen (*Eikones*), zwei Abhandlungen über Natur und Kultur (*Dialexeis*), ein Epigramm, einen kurzen Dialog über *Nero* (der wohl Anlass für die verworrenen Angaben in der *Suda* war) und eben die Liebesbriefe (*Epistolai Erotikai*). Philostratos lebte vielleicht bis zur Mitte des 3. Jh.s n. Chr. Wohl erst in den 240er Jahren n. Chr. beschrieb er die »Leben der Sophisten« (*Bioi Sophiston*), der Vertreter der von ihm so benannten »Zweiten Sophistik«, der er sich selbst zugehörig fühlte (s. o. S. 8).

Unter dem Namen des Philostratos ist tatsächlich eine Sammlung von Liebes- und anderen Briefen erhalten. Handelt es sich um eine spätere Fälschung? Gegen die Echtheit hat man angeführt, dass sich Sprache, Stil und »Geist« der Briefe von denen anderer Werke unterscheiden, doch ist dies, wie andere Gelehrte zu Recht betont haben, kein Beweis für unterschiedliche Autoren, sondern eine Folge der jeweiligen literarischen Gattung: Ein Brief unterscheidet sich eben in Sprache, Stil und »Geist« von einer Schrift über den Sport, von Bildbeschreibungen und von Biographien! So darf man als Autor der in dieser Ausgabe vorgelegten *Epistolai Erotikai* in der Tat den gelehrten Sophisten Philostratos ansehen.

Zur Überlieferung des Textes

Philostratos' Liebesbriefe wurden noch im Jahrhundert der Erfindung des Buchdrucks mit beweglichen Lettern erstmals gedruckt, nämlich 1499 in Venedig. Mehrere Ausgaben folgten, von denen die 1709 publizierte Edition des Leipziger Theologen Gottfried Olearius (1672–1715) besonders einflussreich war. Maßgeblich wurde dann die Ausgabe des Heidelberger Philologen Carl Ludwig Kayser (1808–1872), der die Briefe in einer anderen Reihenfolge präsentierte; auch seine Edition wurde wiederholt übernommen. Eine nochmals andere Anordnung wählte Paul Hansmann (1882–1936) für seine Auswahlübersetzung. Die Anordnung und Nummerierung im vorliegenden Band schließlich folgt der Anregung von Bernhard Kytzler (* 1929), dem auch die Übersetzung viel verdankt. Die in den älteren Ausgaben gewählten Anordnungen sind anhand der Nummern nachzuvollziehen, die in dieser Ausgabe jeweils am Ende des griechischen Textes genannt und über die Konkordanz auf S. 128 erschlossen werden.

Dass immer neue Versuche der Anordnung (und damit Nummerierung) der Briefe versucht wurden, liegt an der uneindeutigen Überlieferung der Briefe in den mittelalterlichen Handschriften, denen wir ihren Text verdanken. Philostratos' Sammlung von 73 Liebes- und anderen Briefen ist uns nämlich – wie die meiste antike Literatur – nur aus mittelalterlichen Abschriften bekannt, die in sogenannten *Codices* enthalten sind, also in zu Büchern zusammengebundenen Pergament- oder Papierblättern. Die Besonderheit der

Überlieferung der *Epistolai Erotikai* besteht nun darin, dass in diesen Kopien die Texte in immer wieder anderer Auswahl und Anordnung stehen, ja sogar mit abweichenden Adressatinnen bzw. Adressaten und in unterschiedlichen Textumfängen.

Anhand dieser Eigenarten kann man die mittelalterlichen Handschriften in zwei »Familien« einteilen. Die eine Handschriftenfamilie bietet 53 Briefe, die keine Adressatin und keinen Adressaten namentlich nennen, aber deren Geschlecht angeben. Die Briefe sind dabei jeweils fast durchgehend in Paaren (abwechselnd Adressat und Adressatin) und nach Themen (erst Briefe über Rosen, dann über Feuer und Fackeln usw.) sortiert; die genaue Anordnung wird rasch deutlich, wenn man die vorliegende Ausgabe nutzt, in der als erstes diese 53 Briefe in der dort gewählten Abfolge zu lesen sind.

Die andere Handschriftenfamilie bietet 58 Briefe (darunter 47, die auch in der zuerst genannten Familie überliefert sind) sowie 11 weitere (die in der vorliegenden Ausgabe im Anschluss an die Briefe aus der erstgenannten Familie erscheinen). Diese 11 Briefe nennen zumeist die Namen der Empfängerinnen und Empfänger und sind überwiegend keine Liebesbriefe. Die Briefe werden also in dieser Handschriftenfamilie in einer anderen Auswahl sowie in einer anderen Anordnung geboten, bei der im Wesentlichen zuerst Briefe an männliche Empfänger, dann Briefe an weibliche Adressatinnen zusammenstehen (diese Abfolge ist Grundlage der von Kayser – s. o. S. 11 – vergebenen Nummern und so leicht nachzuvollziehen). Zudem ist bei 4 Briefen (2, 6, 12, 54) statt

eines männlichen Adressaten hier eine weibliche Adressatin eingetragen, bei einem weiteren (19) verläuft dieser Wechsel in die umgekehrte Richtung, und bei einem der nur in dieser Handschriftenfamilie bewahrten Briefe (64) variiert sogar die Zuweisung zwischen einzelnen Codices der Familie. Bei nicht weniger als 20 Briefen (7, 8, 10, 12, 13, 15, 18, 19, 21, 22, 25–29, 33, 34, 36, 38, 39) ist in dieser Familie der Text gegenüber dem der anderen Familie verkürzt.

In der älteren Forschung sah man die Kurzform dieser Handschriftenfamilie als die ursprüngliche an. Die Langform hingegen galt als spätere Erweiterung, die man in den Editionen zwar notierte, aber nicht in den Lesetext der Ausgaben aufnahm. Eine bis heute nachwirkende Folge dieser Auffassung ist, dass viele der verbreiteten Ausgaben, Textdatenbanken (wie »Thesaurus Linguae Graecae« und »Perseus«) und Übersetzungen (s. u.) nicht den vollständigen, sondern nur den verkürzten Text bieten. Vorschläge, dies zu ändern, sind zwar wiederholt gemacht (so bereits von Hercher 1873, lix, der aber an seinen Verlegern scheiterte, ausführlich von Münzer 1907, 528–531, und erneut von Benner / Forbes 1949, 402), aber bisher in keiner Edition umgesetzt worden. Die vorliegende Ausgabe bietet nun erstmals in Edition und Übersetzung den Langtext der erstgenannten Handschriftenfamilie, gefolgt vom Sondergut der zweiten Familie und schließlich den weiteren, anders überlieferten Briefen.

Außerhalb der beiden genannten Handschriftenfamilien sind nämlich in anderen Codices 9 weitere Briefe überliefert (65–73), die in der vorliegenden Ausgabe am Schluss zu stehen kommen;

auch diese Briefe nennen die Empfängerinnen und Empfänger beim Namen, verlassen allerdings die Thematik des Liebesbriefs. Die beiden Briefe am Ende wenden sich gar an Caracalla und damit an den Kaiser selbst, dem wegen der von ihm verantworteten Morde im Kaiserhaus massive Vorwürfe gemacht werden, sowie an Iulia Domna und ihren literarischen Zirkel. Beide Briefe führen also zurück in die Zeit des Philostratos (s. o. S. 9).

Mythos und Geschichte

Philostratos nimmt immer wieder Bezug auf die antike Mythologie und Geschichte, die seiner Leserschaft sicher vertraut waren. Um uns heute das Verständnis der Briefe zu erleichtern, werden im Folgenden die von ihm angesprochenen Mythen und die historischen Personen und Stätten nach ihren jeweiligen Themenkreisen genannt; ein hochgestellter Buchstabe nach einem Begriff verweist stets auf diesen Teil der Einführung zurück.

K – Kronos und seine Nachkommen

Der Titan Kronos hatte mit seiner Schwester und Gattin Rhea mehrere Kinder, darunter Demeter (die Göttin des Getreides, die Mutter der dann von Zeus[Z] in Schlangengestalt geschwängerten Persephone, die ihrerseits Mutter des Dionysos Zagreus war) und Poseidon (der Gott des Meeres). Letzerer verband sich u. a. mit Amymone, einer Tochter des Königs von Argos, zudem in Gestalt des Flussgottes Enipeus[F] mit Tyro, einer Tochter des Königs von Elis, und mit einer weiteren Frau,

mit der er den Sohn Boiotos zeugte, der Gründer der Landschaft Boiotien[S] werden sollte. Als Sohn des Hyperion, eines Bruders von Kronos und Rhea, galt der Sonnengott Helios.

Z – Zeus und seine Nachkommen

Ebenfalls Kinder von Kronos und Rhea waren Hera und Zeus. Aus ihrer Ehe gingen u. a. der Schmiedegott Hephaistos und der Kriegsgott Ares hervor. Die Gattin des Hephaistos, die Liebesgöttin Aphrodite, betrog diesen mit Ares, hatte aber auch ein Verhältnis mit dem schönen Adonis.

Zeus ist zudem wegen seiner zahlreichen Liebschaften bekannt; von seinen Geliebten nennt Philostratos Antiope (die Zeus als Berg-Satyr verführte), Danaë (zu der er als Goldregen kam und deren Sohn Perseus die Andromeda vor einem Seeungeheuer retten sollte), die Königstochter Europa (die er als Stier entführte und mit der er Rhadamantys zeugte, der seinerseits dem Knaben Athymnios nachgestellt haben soll), Eurynome (Töchter waren die Chariten), Maia (Mutter des Götterboten Hermes), Metis (Mutter von Athene, der Stadtgöttin Athens[S]) und Semele (Mutter des Weingotts Dionysos).

Drei Liebschaften des Zeus sind bei Philostratos von besonderer Bedeutung: Aus der Verbindung mit Alkmene ging Herakles hervor (als dessen menschlicher Vater Amphitryon galt). Dieser wiederum heiratete Deianeira, nachdem er den Flussgott Acheloos überwunden hatte, und hatte eine Beziehung zu seinem Waffenträger, dem schönen Hylas. Für Eurystheus, den König von Mykene und Tiryns, musste er zwölf Arbeiten vollbringen; seine Söhne sollten von Eurystheus verfolgt werden.

Aus der Liebschaft mit Leda (der Zeus als Schwan erschien) gingen Kastor (der später gemeinsam mit seinem Bruder Polydeukes/Pollux die beiden schönen Töchter des messenischen Königs Leukippos entführte) und die schöne Helena hervor, die Ursache für den Krieg um Troja (s. u.) werden sollte.

Die Liebschaft des Zeus mit Leto brachte die Jagdgöttin Artemis (die der Königssohn Hippolytos verehrte) und den Orakelgott Apollon hervor. Dieser war Vater des Heilgottes Asklepios (die Rache für dessen Tötung durch Zeus führte dazu, dass Apollon als Strafe dem König Admetos dienen musste), galt als Schützer der Musen, hatte aber auch homoerotische Beziehungen mit Branchos, Hyakinthos und Klaros. Nicht zuletzt unterhielt auch Zeus selbst eine solche Beziehung zu seinem Mundschenk Ganymedes.

A – Argonauten

Wiederholt nimmt Philostratos auf den Zug der Argonauten zum Goldenen Vlies in Kolchis[S] (im heutigen Georgien) Bezug. Zu den Teilnehmern gehörten der Kalydonier Meleagros und der Thessalier Philoktetes. Anführer war Iason, der in Kolchis Medeia ehelichte, diese aber dann zugunsten der korinthischen Königstochter Glauke verließ.

T – Der Krieg um Troja

Zum Krieg der Griechen gegen Troja kam es wegen der Entführung der Helena, die mit Menelaos, dem König von Lakedaimon (Sparta[O]), verehelicht war, durch Paris (auch Alexandros genannt), den Sohn des Königs Priamos von Troja. Er hatte sich

einstals junger Hirte bei einem Schönheitswettbewerb zwischen drei Göttinnen für Aphrodite[Z] entschieden. Auf trojanischer Seite kämpften u. a. Anchises und Euphorbos, auf Seiten der Griechen (Achaier[S]) unter der Führung des Aias neben anderen Achilleus, der Sohn des Peleus und der Thetis (und Liebhaber des Patroklos), und Agamemnon, ferner Nireus und Philoktetes[A]. Letzteren hatten die Griechen jedoch bei der Fahrt nach Troja auf einer Insel ausgesetzt, da er verwundet war.

M – Weitere Mythen

Philostratos erwähnt auch einige lokale Mythen. Dazu gehört die Sage von den Sieben gegen Theben[S]: Pelops hatte seine Gemahlin Hippodameia einst als Sieger eines von ihrem Vater Oinomaos veranstalteten Wagenrennens erhalten, diesen selbst aber getötet. Der uneheliche Sohn des Pelops, Chrysippos, war von Laios, dem König von Theben, zum Geliebten gemacht worden. Laios selbst wurde von seinem Sohn Oidipus/Ödipus erschlagen, der daraufhin fluchbeladen floh. Oidipus‘ Sohn Polyneikes war in Argos von König Adrastos ebenso wie Tydeus, ein Königssohn aus Kalydon, aufgenommen worden. Adrastos und Tydeus gehörten dann zu den Sieben gegen Theben, die Polyneikes bei der Rückeroberung Thebens unterstützten.

Auch spielt Philostratos auf Danaos, den König von Argos, an, dessen 50 Töchter mit einer Ausnahme auf Weisung des Vaters in der Brautnacht ihre jungen Ehemänner töteten. Ferner nennt Philostratos den griechischen Hirtengott Pan und seine Begleiterinnen, die Nymphen, sowie Phyllis, die sich aus Gram über die lange Abwesenheit ih-

res Geliebten Demophon umgebracht hatte und in einen blattlosen Mandelbaum verwandelt worden war, der nach der Umarmung durch den zu spät heimkehrenden Demophon Blätter trieb. Auch nennt er die ägyptische Göttin Isis und den mythischen Gründer von Niniveh, Ninos.

P – Personifikationen

Philostratos nennt immer wieder Gottheiten, die Personifikationen sind, so Ananke (die Notwendigkeit), Arete (die Tugend), Chronos (die Zeit), Eleos (das Erbarmen), die Erinnyen oder Eumeniden (die Rache), Eris (den Streit), Kakia (die Schlechtigkeit), Momos (den Tadel) und Nemesis (die Vergeltung), vor allem aber Eros, den geflügelten und Brautfackeln tragenden Gott der Liebe.

F – Flüsse und Flussgottheiten

Auch Flüsse werden als Götter angesehen, so der Anauros und der Enipeus (s. o. Poseidon[K]) auf dem griechischen Festland, der Alpheios auf der Peloponnes (der Arethusa schwängert), der Thermodon, an dem die Amazonen wohnen, und der Styx in der Unterwelt.

S – Städte, Länder, Völker

Ein Zentrum der von Philostratos beschriebenen Welt ist zweifellos Athen (wo der Ölbaum der Athene[Z] und der Altar des Eleos[P] stehen) und die Landschaft Attika, auf dem griechischen Festland die Landschaften Boiotien mit den Städten Thespiai und Theben, nördlich davon Thessalien (mit Phthia) und Thrakien sowie südlich, auf der Peloponnes, Korinth, Lakedaimon/Sparta, die Landschaften Achaia (als Achaier werden im

Krieg um Troja[T] die Griechen bezeichnet) sowie Elis mit Olympia, dem Ort der Olympischen Spiele. Ferner zählen dazu die Inseln Euboia, Imbros, Kreta mit dem Ida-Berg, Kypros/Zypern, Lemnos und Samos. Am Schwarzen Meer erwähnt Philostratos Sinope sowie Kolchis, die Heimat der Medeia[A]. In Kleinasien nennt Philostratos Troja[T] (s. o.), Ionien mit den wichtigen Städten Erythrai und Miletos, weiter im Osten dann das Land der Phoiniker mit den Städten Sidon und Tyros im heutigen Libanon, das historische Perserreich, Babylon, Indien und sogar die Serer im heutigen China. Im Norden kennt er die Skythen und die Heimat der Amazonen am Thermodon[F], im Süden Aigyptos/Ägypten mit dem Neilos/Nil, im Westen die Meerenge bei Messina mit dem Meeresungeheuer Charybdis, in Unteritalien Taras (Taranto/Tarent) und nicht zuletzt Rom, wo Philostratos über das Fest der Floralia (28. April bis 4. Mai) schreibt.

D – Denker und Philosophen

Philostratos nennt immer wieder Denker und Philosophen, so den Sophisten Gorgias (um 485 – um 380 v. Chr.), den Philostratos in seinem Werk »Leben der Sophisten« (1,9) als Vater der Sophistik ansah, die Sophisten Hippias, Kritias, Prodikos und Protagoras im 5. Jh. v. Chr., dann Sokrates (469–399 v. Chr.) und seine Schüler Alkibiades[H], Aischines (und dessen Werk »Thargelia«), Platon (428/7–348/7 v. Chr.) mit der Gestalt des Lysias im Dialog »Phaidros« sowie Xenophon (um 430 – nach 355 v. Chr.), schließlich die Kyniker Diogenes aus Sinope (um 410–323 v. Chr.) sowie Krates aus Theben (um 365 – um 285 v. Chr.).

L – Literaten und Künstler

Auch Literaten und die von ihnen geschaffenen Gestalten erwähnt Philostratos häufig, allen voran Homer (7. Jh. v. Chr.), aber auch die mythischen Sänger Orpheus und Thamyris, die Dichterin Sappho (um 630 – um 570 v. Chr.) und den Dichter Pindar (um 522 – um 443 v. Chr.), den er (in Brief 64) wörtlich zitiert. Weiter nennt er die Historiker Thukydides (um 460 – um 400 v. Chr.) und Xenophon (um 430–354 v. Chr.), den Sohn des Gryllos, sowie den berühmten Redner Demosthenes (384–322 v. Chr.), den Komödienautor Menandros (Menander; 342–291 v. Chr.) mit seinem Werk »Perikeiromene« und den Figuren der Glykerion und des Polemon, schließlich den Philosophen und Biographen Plutarchos von Chaironeia (45–120 n. Chr.).

Philostratos erwähnt ferner einen uns sonst unbekannten Dichter Kelsos und den ebenfalls sonst nicht bezeugten Schauspieler Diokles. An berühmten bildenden Künstlern des 5. und 4. Jh.s v. Chr. nennt er Lysippos, Pheidias und Polykleitos.

H – Historische Persönlichkeiten

Aus der klassischen Geschichte Athens nennt Philostratos Harmodios und Aristogeiton, deren Tyrannenmord 514 v. Chr. die demokratische Verfassung ermöglichte, dann die Staatsmänner Aristeides den Gerechten (530–468 v. Chr.), Themistokles (um 524–459 v. Chr.) und Perikles (um 495–429 v. Chr.) mit seiner Geliebten Aspasia (um 470–400 v. Chr.) sowie Alkibiades (um 450–404 v. Chr.). In Sparta erwähnt er den mythischen Gesetzgeber Lykurgos (der auch

wegen seiner Vertreibung von Fremden aus der Stadt bekannt war) sowie König Agesilaos II. (444 – um 360 v. Chr.), dem ein Verhältnis zu einem persischen Knaben zugeschrieben wurde. Ferner erscheinen Antiochos, der König von Thessalien im 6. Jh. v. Chr. sowie Polykrates, der Tyrann von Samos (mit einem gewissen Smerdis). Genannt werden aber auch die berühmten Hetären (gebildete und durchaus angesehene Prostituierte) des 5. und 4. Jh.s v. Chr. Aristagora, Laïs, Timagora und Thaïs. Diese Persönlichkeiten gehören alle in die klassische und nachklassische griechische Geschichte, auf die sich Philostratos stets bezieht.

E – Empfängernamen

Während die Briefe der Langform (s. o. S. 12–13) in der Anrede keine Namen bieten, werden in den meisten der Briefe 54–73 die Namen derAdressatinnen und Adressaten genannt. Es ist allerdings nur in wenigen Fällen möglich, sie historischen Persönlichkeiten zuzuordnen: Bei Philemon (Brief 67) kann man an den Komödienautor und Konkurrenten des Menandros[L] im 4. Jh. v. Chr. denken, bei Epiktetos, an den drei Briefe (56, 65, 69) gerichtet sind, an einen sonst freilich nicht belegten Konkurrenten des Philostratos (so Münscher 1907, 535) und bei Ktesidemos (Brief 68) an einen Sophisten dieses Namens aus Athen, den Philostratos in seinem Werk »Leben der Sophisten« (2,1,6) als Zeitgenossen erwähnt. Dass Philostratos am Hof des römischen Kaisers Caracalla (Brief 72) und im literarischen Zirkel von dessen Mutter Iulia Domna (Brief 73) aktiv war, haben wir schon (S. 9) gesehen.

Liebe und Verliebtheit

Anders als literarische Briefsammlungen der Antike, die sich zumeist als eine Art »Briefroman« lesen lassen, verweigern Philostratos' Liebesbriefe – gleich, in welcher Reihenfolge man sie liest – eine solche Deutung. Ganz offenbar geht es dem Autor nicht um die in Briefen dargelegte Entwicklung einer Beziehung; daher ist richtig gesagt worden, es seien »erotic letters without a Love Story«, erotische Briefe ohne eine Liebesgeschichte (Goldhill 2009, 289).

Vielmehr erscheinen die Briefe nicht, wie bei jener Thematik sonst üblich, in Dichtung, sondern als in Prosa gefasste, weitgehend eigenständige Miniaturen. Sie wollen, wenn sie zusammen gelesen werden, gerade keine Entwicklung darstellen, sondern aus vielen Blickwinkeln auf das immer gleiche Thema der Verliebtheit blicken.

Insofern ist es auch nicht überraschend, dass die Zuweisung der Briefe an eine Adressatin oder einen Adressaten bis in die Überlieferung der Briefe hinein nicht eindeutig ist (s. o. S. 12–13). Rosen schenkt man in der Antike eben sowohl einem männlichen als auch einer weiblichen Geliebten.

So kann man das Werk mit einem facettenreichen Spiegel vergleichen: Ein- und dasselbe Bild wird aus immer neuen, jeweils nur einen Teil erfassenden Blickwinkeln gezeigt. Zugleich sind alle, die es so betrachten, dazu gezwungen, das Gesamtbild selbst, in ihrem eigenen Kopf, zu konstruieren.

Zum Nachleben des Werks

Gerade dieser Reichtum an Aspekten führte dazu, dass die *Epistolai Erotikai* des Philostratos auch in späterer Zeit viel gelesen wurden. So gehörte Philostratos zum Lektürekanon am 1555 gegründeten St John's College in Oxford (Statutes Kap. 25), an dem Thomas Jenkins, der Lehrer von William Shakespeare (1564–1616), ausgebildet worden war. Shakespeares Sonette (1609), die von der Liebe zu jungen Männern und ebenso zu Frauen handeln, sind vielleicht in (wohl durch eine Übersetzung vermittelter) Kenntnis der Briefe des Philostratos geschrieben (Kroll 1962).

Eine wohl ebenfalls über eine (lateinische) Übersetzung vermittelte Nutzung der *Epistolai Erotikai* kann man bei Shakespeares Zeitgenossen Ben Jonson (1572–1637) erkennen, der 1616 in seiner Sammlung »The Forest« ein mit Philostratos verbundenes Gedicht »Song: To Celia« publizierte. Das Gedicht ist noch heute als Liedtext bekannt, da eine im 18. Jh. entstandene, erstmals 1785 im Verlag von William Napier in London gedruckte Melodie sich ungebrochener Beliebtheit erfreut. Napier ist heute vor allem durch die Sätze schottischer Volkslieder bekannt, die Joseph Haydn (1732–1809) wenige Jahre später für ihn schrieb (Hoboken-Verzeichnis XXXIa, 1–150). Die von Napier publizierte Melodie macht das Gedicht bis heute populär; zu den Interpreten gehören berühmte Opernsängerinnen wie Elisabeth Schwarzkopf (1915–2006) ebenso wie der amerikanische Country-Sänger Johnny Cash (1932–2003) und die Soul-Sängerin Aretha Franklin (* 1942).

Drink to me, only, with thine eyes,
 And I will pledge with mine;
Or leave a kiss but in the cup,
 And I'll not ask for wine.

The thirst, that from the soul doth rise,
 Doth ask a drink divine:
But might I of Jove's *nectar* sup,
 I would not change for thine.

I sent thee, late, a rosie wreath, 9
 Not so much honouring thee,
As giving it a hope, that there
 It could not withered be,

But thou thereon did'st only breathe, 13
 And sent'st it back to me;
Since when it grows, and smells, I swear,
 Not of itself, but thee!

Trinke mir nur mit Deinen Augen zu
 und ich werde Dir mit meinen antworten.
Oder lass nur einen Kuss in dem Becher
 und ich werde nicht um Wein bitten.

Der Durst, der von der Seele aufsteigt,
 verlangt nach einem göttlichen Trunk,
doch selbst, wenn ich von Zeus' Nektar kosten dürfte,
 würde ich ihn nicht gegen Deinen eintauschen.

Ich sandte Dir kürzlich einen Kranz von Rosen,
 nicht so sehr, um Dich zu ehren,
als vielmehr, um ihm die Hoffnung zu geben,
 dass er dort nicht verwelken könne.

Aber Du hast lediglich darauf gehaucht
 und ihn zu mir zurückgeschickt;
seither wächst und duftet er, ich schwöre,
 nicht nach ihm selbst, sondern nach Dir!

(Ben Jonson, »Song: To Celia«, 1616)

Die erste Zeile von »To Celia« ist eine direkte Übersetzung von Philostratos' Brief 39, die weiteren Zeilen nutzen Versatzstücke aus diesem Brief (für Zeilen 2–4) sowie aus den Briefen 38 (für Zeilen 5–8), 4 (Zeilen 9–12) und 5 (für Zeilen 13–16). Der ganze lyrische Text beruht also auf der Prosa des Philostratos – ein klarer Beleg für die Bedeutung, die man in der Zeit Shakespeares den Liebesbriefen des Philostratos zumaß.

Auch sonst haben die *Epistolai Erotikai* des Philostratos – zweifellos angesichts ihrer Thematik – eine Leserschaft weit außerhalb der Altertumswissenschaft gefunden. So publizierten 1911 die unter dem Obertitel »Anthropophyteia« erscheinenden »Jahrbücher für folkloristische Erhebungen und Forschungen zur Entwicklungsgeschichte der geschlechtlichen Moral« eine Auswahl homoerotischer Briefe des Philostratos, die der Leipziger Altphilologe Paul Hans Brandt (1875–1929) unter dem Pseudonym Hans Licht übersetzt hatte. 1919 erschienen in dem auf bibliophile Ausgaben spezialisierten Hyperion-Verlag in Berlin in der »Dionysos-Bücherei« von dem Literaturübersetzer Paul Hansmann (s. o. S. 11) »Des älteren Philostratos erotische Briefe nebst den Hetärenbriefen des Alkiphron«, die noch 1989 ebenfalls als bibliophile Ausgabe nachgedruckt wurden – obwohl diese Übersetzung auf einer verkürzten und mittlerweile auch veralteten Textgrundlage beruht! So bietet das vorliegende Buch erstmals zweisprachig im griechischen Original und in einer deutschen Übersetzung den vollständigen Text von Philostratos' *Epistolai Erotikai*.

ΦΙΛΟΣΤΡΑΤΟΥ
ΕΠΙΣΤΟΛΑΙ ΕΡΩΤΙΚΑΙ

PHILOSTRATOS
EROTISCHE BRIEFE

1

[Μειρακίῳ]
Οἱ Λακεδαιμόνιοι φοινικοβαφεῖς ἐνεδύοντο θώρακας, ἢ ἵνα ἐκπλήττωσι τοὺς πολεμίους τῷ φοβερῷ τῆς χροιᾶς, ἢ ἵνα ἀγνοῶσι τὸ αἷμα τῇ κοινωνίᾳ τῆς βαφῆς· ὑμᾶς δὲ δεῖ τοὺς καλοὺς μόνοις ῥόδοις ὁπλίζεσθαι καὶ ταύτην λαμβάνειν παρὰ τῶν ἐραστῶν τὴν πανοπλίαν. ὑάκινθος μὲν οὖν λευκῷ μειρακίῳ πρέπει, νάρκισσος μέλανι, ῥόδον δὲ πᾶσιν, ὡς καὶ μειράκιον πάλαι ὂν καὶ ἄνθος καὶ φάρμακον καὶ μύρον. ταῦτα Ἀγχίσην ἔπεισε, ταῦτα Ἄρη ἀπέδυσε, ταῦτα Ἄδωνιν ἐλθεῖν ὑπέμνησε, αὗται ἦρος κόμαι, ταῦτα γῆς ἀστραπαί, ταῦτα Ἔρωτος αἱ λαμπάδες.
(Olearius 27 / Kayser 3 / Hansmann 18)

2

[Γυναικί]
Εἰ κἀμὲ φεύγεις, ἀλλ᾽ ὑπόδεξαι κἂν τὰ ῥόδα ἀντ᾽ ἐμοῦ. καί σου δέομαι μὴ στεφανοῦσθαι μόνον ἀλλὰ καὶ κοιμηθῆναι ἐπ᾽ αὐτῶν. καὶ γάρ ἐστιν ἰδεῖν μὲν καλά, οἵαν τὸ πῦρ ἔχει τὴν ἀκμήν, ἅψασθαι δὲ μαλακὰ καὶ πάσης στρωμνῆς ἁπαλώτερα ὑπὲρ τὸν Βαβυλώνιον κόκκον καὶ τὴν Τυρίαν πορφύραν· καὶ γὰρ εἰ σπουδαῖα ἐκεῖνα, ἀλλ᾽ οὐ πνεῖ καλόν. ἐνετειλάμην αὐτοῖς καὶ τὴν δειρήν σου φιλῆσαι καὶ τοῖς μαστοῖς ἐπελθεῖν καὶ ἀνδρίσασθαι, ἂν ἀφῇς, καὶ οἶδα ὅτι ἀκούσεται. ὦ μακάρια, οἵαν γυναῖκα περιβάλλειν μέλλετε. ἀλλὰ δεήθητε αὐτῆς ὑπὲρ ἐμοῦ καὶ πρεσβεύσατε

1

[An einen jungen Mann]
Die Lakedaimonier[S] trugen purpurgefärbte Brustharnische, entweder, um die Feinde durch die furchterregende Farbe zu erschrecken, oder aber, um durch die Gleichheit der Farbe das Blut nicht zu bemerken. Ihr aber müsst Euch nur mit Rosen bewaffnen und dürft nur diese Rüstung von Euren Liebhabern empfangen. Eine Hyazinthe passt zu einem jungen Mann mit heller Haut, eine Narzisse zu einem dunklen, die Rose aber für alle, da sie doch einst selbst jung, eine Blume, ein Mittelchen und ein Parfüm war: Dies betörte den Anchises[T], dies entwaffnete den Ares[Z], dies lockte Adonis[Z] zum Kommen – sie sind die Haare des Frühlings, die Blitzstrahlen der Erde, die Fackeln des Eros[P]!

2

[An eine Frau]
Wenn Du vor mir fliehst, so empfange doch wenigstens die Rosen an meiner Statt! Ich bitte Dich, nimm sie nicht nur zum Kranzwinden, sondern auch dazu, auf ihnen zu schlafen. Sie sind ja schön anzuschauen und haben einen Strahl gleich dem Feuer, sind aber auch sanft bei der Berührung, weicher als jedes Polster, übertreffen den Mohn aus Babylon[S] und den Purpur aus Tyros[S], denn auch wenn jene prächtig sind, duften sie nicht schön. Aufgetragen habe ich den Rosen, Deinen Nacken zu küssen, sich an Deine Brüste zu schmiegen und Dir wie ein Mann zu begegnen, wenn Du es gestattest. Du weißt ja, dass sie gehorchen werden. O Ihr Glücklichen, was für eine Frau werdet Ihr umarmen! Bittet sie aber für mich,

καὶ πείσατε· ἐὰν δὲ παρακούῃ, κατακαύσατε.
(Olearius 28 / Kayser 54 / Hansmann 19)

3

[Μειρακίῳ]
Τὰ ῥόδα ὥσπερ πτεροῖς τοῖς φύλλοις ἐποχούμενα ἐλθεῖν παρὰ σὲ σπουδὴν ἐποιήσατο. ὑπόδεξαι αὐτὰ εὐμενῶς, ἢ ὡς Ἀδώνιδος ὑπομνήματα ἢ ὡς Ἀφροδίτης βαφὴν ἢ ὡς γῆς ὄμματα. ἀθλητῇ μὲν οὖν κότινος πρέπει καὶ βασιλεῖ μεγάλῳ ὀρθὴ ἡ τιάρα καὶ στρατιώτῃ λόφος, καλῷ δὲ μειρακίῳ ῥόδα καὶ διὰ συγγένειαν τῆς εὐωδίας καὶ διὰ τὸ οἰκεῖον τῆς χροιᾶς. περιθήσῃ δὲ οὐ σὺ τὰ ῥόδα, ἀλλ' αὐτὰ σέ.
(Olearius 29 / Kayser 1 / Hansmann 20)

4

[Γυναικί]
Πέπομφά σοι στέφανον ῥόδων, οὐ σὲ τιμῶν, καὶ τοῦτο μὲν γάρ, ἀλλ' αὐτοῖς τι χαριζόμενος τοῖς ῥόδοις, ἵνα μὴ μαρανθῇ.
(Olearius 30 / Kayser 2 / Hansmann 21)

5

[Μειρακίῳ]
Εὖ πεποίηκας καὶ στρωμνῇ χρησάμενος τοῖς ῥόδοις· ἡ γὰρ πρὸς τὰ πεμφθέντα ἡδονὴ σημεῖον μέγα τῆς πρὸς τὸν πέμψαντα τιμῆς. ὥστε κἀγώ σου δι' αὐτῶν ἡψάμην, καὶ γάρ ἐστιν ἐρωτικὰ καὶ πανοῦργα καὶ κάλλει χρῆσθαι εἰδότα. δέδοικα δὲ μὴ οὐδ' ἡσυχίαν ἤγαγεν ἀλλ' ἠνώχλει σοι

seid meine Botschafter und überredet sie; wenn sie nicht hören will, so entzündet sie!

3

[An einen jungen Mann]
Die Rosen, wie von Flügeln von ihren Blättern getragen, haben sich beeilt, zu Dir zu gelangen. Nimm sie freundlich auf – als Erinnerung an Adonis[Z], als Farbe der Aphrodite[Z] oder als Augen der Erde. Zum Athleten passt der Kranz aus Ölbaumzweigen, zum Großkönig (der Perser[S]) die aufrechte Tiara, zum Soldaten der Helmbusch, zum schönen jungen Mann aber passen die Rosen wegen der Verwandtschaft ihres Dufts und der Ähnlichkeit ihrer Farbe. Umfangen wirst nicht Du die Rosen, sondern sie Dich!

4

[An eine Frau]
Zugeschickt habe ich Dir einen Kranz aus Rosen, nicht, um Dich zu ehren – obwohl ich auch dies will –, sondern den Rosen selbst zuliebe, damit sie nicht verwelken.

5

[An einen jungen Mann]
Recht hast Du daran getan, dass Du die Rosen auch als Lager benützt hast. Die Freude an dem Zugeschickten ist ein großes Zeichen der Achtung gegenüber dem Geber. So habe ich Dich durch sie berührt, denn sie sind ja erotisch und allgewandt und wissen, wie man mit Schönheit umgeht. Ich fürchte nur, dass sie keine Ruhe gehalten und

καθεύδοντι, ὥσπερ τῇ Δανάῃ ὁ χρυσός. εἰ δὲ βούλει τι φίλῳ χαρίζεσθαι, τὰ λείψανα αὐτῶν ἀντίπεμψον μηκέτι πνέοντα ῥόδων μόνον ἀλλὰ καὶ σοῦ.

(Olearius 31 / Kayser 46 / Hansmann 22)

6

[Γυναικί]

Καὶ τῷ Διί, ὅτε ἐκοιμᾶτο ἐν τῇ Ἴδῃ τῷ ὄρει, ἄνθη ἡ γῆ ἀνῆκεν λωτὸν καὶ ὑάκινθον καὶ κρόκον· ῥόδα δὲ οὐ παρῆν, πότερον ὡς μόνης Ἀφροδίτης κτήματα, παρ' ἧς καὶ ταῦτα ἔδει τὴν Ἥραν δανείσασθαι, καθάπερ καὶ τὸν κεστὸν ἐδανείσατο, ἢ ὡς οὐκ ἂν κοιμηθέντος τοῦ Διὸς εἰ καὶ ταῦτα παρῆν, οἱ δὲ ἐδέοντο καθεύδειν τὸν Δία. ὅταν δὲ πνέῃ ῥόδα, ἀνάγκη πᾶσα δήπου καὶ ἀνθρώποις καὶ θεοῖς ἀγρυπνεῖν ἡδέως, ἡ γὰρ εὐωδία δεινὴ πᾶσαν ἡσυχίαν ἐξοικίσαι.

ταῦτα μὲν οὖν ἀφείσθω Ὁμήρῳ καὶ τῇ τῶν ποιητῶν ἐξουσίᾳ, σὺ δὲ ἀγροίκως ἐποίησας μόνη κοιμηθεῖσα ἐν ῥόδοις καὶ σωφρονήσασα ἐν οὐ σώφροσιν. ἢ γὰρ τῶν ἐραστῶν ἐχρῆν σοι παρεῖναί τινα ἢ ἐμὲ ἢ τὸν Δία, πλὴν εἰ μὴ προενεθυμήθης, ὦ καλή, τὸν στέφανον τοῖς στέρνοις προσαγαγοῦσα καινῷ μοιχῷ συμπλακῆναι.

(Olearius 32 / Kayser 20 / Hansmann 23)

Dich so im Schlaf gestört haben wie der Goldregen die Danaë[Z]. Wenn Du einem Freund einen Gefallen tun willst, schicke die übrigen zurück; sie werden nicht mehr nur nach Rosen duften, sondern auch nach Dir.

6

[An eine Frau]
Auch für Zeus[Z] ließ, als er auf dem Berg Ida[S] ruhte, die Erde Blumen hervorsprießen: Lotus, Hyazinthe und Krokus. Rosen aber gehörten nicht dazu, vielleicht, weil sie allein Eigentum der Aphrodite[Z] sind, von der Hera[Z] sie hätte entleihen müssen, wie sie auch den Gürtel entlieh; vielleicht auch, weil Zeus nicht geschlafen hätte, wenn sie in seiner Nähe gewesen wären; man wollte doch aber, dass Zeus schliefe. Wenn Rosen duften, ist es unbedingt notwendig, dass Menschen und Götter gleicherweise süß wachen, denn der Duft besitzt die gewaltige Kraft, alle Ruhe zu rauben.

Das alles überlassen wir nun Homer[L] und der Macht der Dichter; Du aber hast ganz grob gehandelt, da Du alleine in den Rosen geschlafen hast und enthaltsam in den nicht enthaltsamen. Einen Deiner Geliebten hättest Du bei Dir haben sollen oder mich oder Zeus, es sei denn, Du Schöne, Du hättest Dir zuvor, als Du den Kranz an Deine Brust drücktest, gedacht, Du umarmtest einen neuen Liebhaber.

7

[Μειρακίῳ]

Τί παθόντα τὰ ῥόδα, πρὶν μὲν παρὰ σοὶ γενέσθαι, καλὰ ἦν καὶ ῥόδα – οὐ γὰρ ἂν αὐτὰ οὐδὲ ἔπεμψα εἰ μή τι ἀξιόκτητον εἶχεν –· ἐλθόντα δὲ εὐθὺς ἐμαράνθη καὶ ἀπέπνευσε; τὸ μὲν σαφὲς οὐκ οἶδα τῆς αἰτίας, οὐ γάρ μοί τι εἰπεῖν ἠθέλησαν, ὡς δ' εἰκάσαι ῥᾴδιον, οὐκ ἤνεγκε παρευδοκιμούμενα, οὐδὲ ἠνέσχετο τῆς πρὸς σὲ ἁμίλλης, ἀλλ' ὁμοῦ τε ἔθιγεν εὐωδεστέρου χρωτὸς καὶ ἀπώλετο. οὕτω καὶ λύχνος πίπτει πυρὸς ἡττηθεὶς μείζονος, καὶ ἄστρα ἀμαυρὰ ὅταν ἀντιβλέπειν ἡλίῳ μὴ δύνηται.

(Olearius 33 / Kayser 9 / Hansmann 24)

8

[Γυναικί]

Ὄντως τὰ ῥόδα Ἔρωτος φυτά, καὶ γὰρ νέα, ὡς ἐκεῖνος, καὶ ὑγρά, ὡς αὐτὸς ὁ Ἔρως, καὶ χρυσοκομοῦσιν ἄμφω καὶ τἆλλ' αὐτοῖς ὅμοια· τὰ ῥόδα τὴν ἄκανθαν ἀντὶ βελῶν ἔχει, τὸ πυρρὸν ἀντὶ δᾴδων, τοῖς φύλλοις ἐπτέρωται, Χρόνον δὲ οὔτε Ἔρως οὐδὲ ῥόδα οἶδεν, ἐχθρὸς γὰρ ὁ θεὸς καὶ τῇ κάλλους ὀπώρᾳ καὶ τῇ ῥόδων ἐπιδημίᾳ. εἶδον ἐν Ῥώμῃ τοὺς ἀνθοφόρους τρέχοντας καὶ τῷ τάχει μαρτυρουμένους τὸ ἄπιστον τῆς ἀκμῆς, ὁ γὰρ δρόμος διδασκαλία χρήσεως· εἰ δὲ μελλήσαις, ἀπελήλυθε. μαραίνεται καὶ γυνὴ μετὰ ῥόδων, ἂν βραδύνῃ. μὴ μέλλε, ὦ καλή·

7

[An einen jungen Mann]
Was haben die Rosen erlitten? Bevor sie zu Dir kamen, waren sie schön und waren Rosen – ich hätte sie doch nicht geschickt, wenn sie es nichtwert wären, sie zu haben –; sobald sie aber zu Dir kamen, verwelkten sie und starben. Genaues weiß ich zur Ursache nicht, denn sie wollten mir nichts sagen; es ist aber leicht zu erraten: Sie ertrugen es nicht, an Ruhm übertroffen zu werden und konnten den Vergleich mit Dir nicht aushalten; sobald sie eine Haut berührten, die schöner duftete, gingen sie zugrunde. So erlischt ein Licht, das von einem helleren Feuer überstrahlt wird, so werden Sterne dunkel, wenn sie der Sonne nicht entgegenblicken können.

8

[An eine Frau]
Wahrlich, die Rosen sind die Pflanzen des Eros[P]! Jung sind sie wie jener und frisch wie Eros selbst. Beide haben goldenes Haar und sind auch sonst einander gleich: Die Rosen tragen die Dornen an Stelle der Pfeile, die Feuerfarbe statt der Fackeln und mit den Blättern haben sie Flügel. Weder Eros noch die Rosen kennen Chronos[P], denn dieser Gott (der Zeit) missgönnt der Schönheit ihre Blüte und der Rose ihr Verweilen. Ich sah, wie in Rom[S] (beim Floralia-Fest) die Blumenbekränzten schnell dahinliefen und durch ihr Tempo bezeugten, wie untreu solches Blühen ist. Der Lauf ist eine Lehre, die Zeit zu nutzen: Wenn Du zögerst, ist sie vorbei! Eine Frau verwelkt mit den Rosen, wenn sie zaudert. Zögere nicht, Du Schöne! Lass

συμπαίζωμεν. στεφανωσόμεθα τοῖς ῥόδοις· συνδράμωμεν.

(Olearius 34 / Kayser 55 / Hansmann 25)

9

[Μειρακίῳ]

Ἔστιν ἔαρ καὶ κάλλους καὶ ῥόδου, ὁ δὲ μὴ χρησάμενος τοῖς παροῦσιν ἀνόητος ἐν οὐ μέλλουσι μέλλων καὶ βραδύνων ἐπ’ ἀπιοῦσι· φθονερὸς γὰρ ὁ χρόνος καὶ τὴν ἄνθους ὥραν ἀφανίζει καὶ τὴν κάλλους ἀκμὴν ἀπάγει. μηδὲν μέλλε, ὦ φθεγγόμενον ῥόδον, ἀλλ’ ἕως ἔξεστι καὶ ζῇς, μετάδος ἡμῖν ὧν ἔχεις.

(Olearius 35 / Kayser 17 / Hansmann 26)

10

[Γυναικί]

Ἐπυθόμην ὡς τὰ ῥόδα ἐλθόντα παρὰ σὲ ὅσα χρέος ἀπέλαυεν· ἐγώ τε γὰρ ἐνετειλάμην αὐτοῖς, καὶ ὡς ἐκπιόντα ἀκηράτου χρωτὸς τῆς σῆς δρόσου κατέσχον τὴν ψυχὴν ἐξιοῦσαν καὶ δυσανασχετοῦσαν. καλῶς ἐποιήσατε, ὦ ῥόδα, ἀναβιώσαντα. καὶ δέομαι, μείνατε ἔστ’ ἂν ἔλθω· μαθεῖν γὰρ ἔγνωκα εἴ τι παρ’ ἀλλήλων εἰλήφατε ἐς εὐωδίαν αὐτὴ καὶ ὑμεῖς ἐς χρόνον.

(Olearius 36 / Kayser 63 / Hansmann 27)

11

[Μειρακίῳ]

Αἰτιᾷ με ὅτι σοι ῥόδα οὐκ ἔπεμψα· ἐγὼ δὲ οὔτε ὡς ὀλίγωρος τοῦτο ἐποίησα οὔτε ὡς ἀνέραστος

uns zusammen spielen, lass uns einander mit Rosen bekränzen, lass uns gemeinsam unseren Weg gehen.

9

[An einen jungen Mann]
Es gibt einen Frühling für die Schönheit und die Rose. Wer nicht nutzt, was da ist, verweilt unvernünftig bei dem, was nicht verweilt, und zaudert vor dem, was vergeht. Neidisch ist die Zeit, lässt den Liebreiz der Blume vergehen und führt den Gipfel der Schönheit hinweg. Zögere nicht, Du sprechende Rose, sondern teile, solange es möglich ist und Du lebst, mit uns, was Du hast!

10

[An eine Frau]
Erfahren habe ich, dass die Rosen, die zu Dir kamen, gebührend empfangen wurden. Ich hatte ihnen ja einen Auftrag gegeben, und als sie den Tau Deiner makellosen Haut aufgesogen hatten, waren sie wieder imstande, ihr zu Ende gehendes, kaum noch erhaltbares Leben zu verlängern. Ihr habt gut daran getan, Ihr Rosen, wieder aufzuleben! Ich bitte Euch, wartet, bis ich komme, denn ich habe mir vorgenommen, in Erfahrung zu bringen, ob Ihr etwas voneinander angenommen habt: sie den Wohlgeruch, Ihr die Dauer.

11

[An einen jungen Mann]
Du wirfst mir vor, dass ich Dir keine Rosen geschickt habe. Ich habe das aber nicht deshalb

ἄνθρωπος, ἀλλ' ἐσκόπουν ὅτι ξανθὸς ὢν καὶ ῥόδοις ἰδίοις στεφανούμενος ἀλλοτρίων ἀνθῶν οὐ δέῃ. οὐδὲ γὰρ Ὅμηρος τῷ ξανθῷ Μελεάγρῳ στέφανον περιέθηκεν, ἐπεὶ τοῦτο ἂν ἦν ἄλλο πῦρ ἐπὶ πυρὶ καὶ δαλὸς ἐπ' ἐκείνῳ διπλοῦς, ἀλλ' οὐδὲ τῷ Ἀχιλλεῖ, οὐδὲ τῷ Μενελάῳ, οὐδὲ ὅσοι ἄλλοι παρ' αὐτῷ κομῶσι. φθονερὸν δεινῶς τὸ ἄνθος καὶ ὠκύμορον καὶ παύσασθαι ταχύ, λέγεται δ' αὐτοῦ καὶ τὴν πρώτην γένεσιν ἐκ λυπηροτάτης ἄρξασθαι προφάσεως· ἡ γὰρ ἄκανθα τῶν ῥόδων παριοῦσαν τὴν Ἀφροδίτην ἔκνισεν, ὡς Κύπριοι καὶ Φοίνικες λέγουσι. αἵματος μὴ στεφανώμεθα. φεύγωμεν ἄνθος ὃ μηδὲ Ἀφροδίτης φείδεται.

(Olearius 37 / Kayser 4 / Hansmann 28)

12

[Γυναικί]

Οὖσά τις ξανθὴ ῥόδα ζητεῖς. καὶ μὴν φύσεως οὕτως ἔχεις ὡς ἐκεῖνα. τί οὖν μεταλαμβάνεις ἄνθους μετὰ μικρὸν οὐκ ὄντος; τί δὲ τὴν κεφαλὴν στεφανοῖς πυρί; ἐμοὶ γὰρ δοκεῖ, καὶ τῆς Κολχίδος ὁ ὅρμος, ὃν τῇ Γλαύκῃ ἔπεμψε, ῥόδα ἦν πεφαρμαγμένα, καὶ διὰ τοῦτο ἐκαύθη λαβοῦσα. εἴτε γὰρ τερπνὰ τὰ ῥόδα, μὴ παρευδοκιμείτω τὰς καλάς, εἴτε εὐώδη, μὴ ἀντιπνείτω, εἴτε ὠκύμορα, μὴ φοβείτω. ἐμοὶ μὲν οὐδενὶ ἄλλῳ

unterlassen, weil ich ein gleichgültiger oder liebloser Mensch wäre; vielmehr habe ich bedacht, dass Du rotblond bist und, von Deinen eigenen Rosen bekränzt, fremde Blumen nicht brauchst. Auch Homer[L] hat dem rotblonden Meleagros[A] keinen Kranz aufgesetzt, da dies nichts Anderes gewesen wäre, als Feuer zu Feuer fügen oder eine zweite Fackel auf jene Fackel, ebenso wenig dem Achilleus[T] oder dem Menelaos[T] oder sonst einem der Helden mit ihren langen Haaren. Gewaltig neidvoll ist diese Blume, nur kurz verweilend und rasch verwelkend. Es heißt ja auch, ihre Entstehung habe einen sehr traurigen Anlass gehabt: Der Dorn der Rosen ritzte Aphrodite[Z] im Vorübergehen, wie die Kyprier[S] und die Phoiniker[S] sagen. Lasst uns keinen Kranz mit Blut aufsetzen! Lasst uns die Blume meiden, die nicht einmal Aphrodite[Z] verschonte.

12

[An eine Frau]
Du bist rotblond und wünschst Dir Rosen. Aber Du bist doch von Natur wie jene! Was also greifst Du nach einer Blume, die nach kurzer Weile nicht mehr ist? Was bekränzt Du Dein Haupt mit Feuer? Mir scheint, auch der Kranz, den die Frau aus Kolchis[S] (Medeia[A]) an Glauke[A] schickte, war aus vergifteten Rosen; deshalb verbrannte sie, als sie ihn nahm. Wenn die Rosen auch lieblich sind, dürfen sie doch die schönen Frauen nicht übertreffen; wenn sie wohlduftend sind, dürfen sie darin nicht wetteifern; wenn sie auch kurzlebig sind, sollen sie doch keinen Schrecken erregen. Mir scheint, die Blätter welker Rosen gleichen nichts Anderem

δοκεῖ προσεοικέναι φύλλα ῥόδων λυθέντων ἢ πίπτουσιν· οἱ πολλοί γε τῶν σφόδρα ἐρωτικῶν αὐτοῖς μᾶλλον ἄχθονται λυθεῖσιν ἢ χαίρουσιν ἐπιτετειχισμένοις, ἐπεὶ τὴν παρουσίαν τῆς ἡδονῆς αὐτῶν ὁ μέλλων φόβος νικᾷ.

ἡ δὲ σὴ κεφαλὴ λειμὼν πολὺς ἄνθη φέρων, ἃ μήτε θέρους ἄπεισι καὶ χειμῶνος μέσου φαίνεται καὶ δρεψαμένων οὐ λύεται. εἰ γὰρ ἐπιτρέψαις μοι κἂν ἕνα βόστρυχον ἐκτεμεῖν· εἰ γὰρ ἀπέλθοιμι οὕτως πνέων, ἔσῃ χαριζομένη ῥόδα μαρανθῆναι μὴ δυνάμενα.

(Olearius 38 / Kayser 21 / Hansmann 29)

13

[Μειρακίῳ]

Ὡς δύσερί σοι καὶ φιλόνεικον τὸ κάλλος· ἀμελούμενον μᾶλλον ἀνθεῖ, καθάπερ τῶν φυτῶν ὅσα τῇ φύσει θαρροῦντα καὶ τῆς τῶν γεωργῶν πολυωρίας οὐ χρῄζοντα. οὐχ ἵππον ἀναβαίνεις, οὐκ ἐς παλαίστραν ἀπαντᾷς, οὐχ ἡλίῳ δίδως ἑαυτόν – ἄνθος γὰρ ἡ βαφὴ τοῖς καλοῖς –, ἀλλ’ αὐχμηρὸς περίεις καὶ σεαυτῷ μαχόμενος. ἐξηπάτησαι· καλὸς εἶ, κἂν μὴ θέλῃς, καὶ πάντας ἕλκεις τῷ λίαν ἀμελουμένῳ, ὥσπερ οἱ βότρυες καὶ τὰ μῆλα καὶ εἴ τι ἄλλο αὐτόματον καλόν· ὁ μὲν γὰρ καλλωπισμὸς ἑταιρικὸν καὶ πάνυ δεῖ δυσχεραίνειν τὴν φαρμασσομένην εὐμορφίαν ὡς πανουργίας ἐγγύς, τὸ δὲ ἀκέραιον καὶ ἄκακον καὶ ἀνεπιβούλευτον μόνων ἴδιον τῶν αὐτὸ

mehr als Sterbenden: Die meisten, die sie heftig lieben, leiden mehr an ihrem Verwelken, als dass sie sich an ihrer befestigten Blüte freuen, da die Furcht vor dem Kommenden die Freude am Vorhandenen besiegt.

Dein Haupt ist eine Wiese, die viele Blumen trägt, die im Sommer nicht vergehen und mitten im Winter zu sehen sind und, selbst wenn man sie pflückt, nicht verwelken. Wenn Du mir doch erlauben wolltest, auch nur eine einzige Locke abzuschneiden! Wenn ich dies so riechend fortgehen müsste, hättest Du mich mit Rosen beschenkt, die nicht vergehen können.

13

[An einen jungen Mann]
Wie widerspenstig und wie streitsüchtig ist die Schönheit: Selbst ungepflegt blüht sie mehr, so wie die Pflanzen, die von der Natur ermutigt werden und nicht die Sorgfalt der Landleute brauchen. Du steigst nicht aufs Pferd, Du besuchst nicht die Palaistra (Sportstätte), Du setzt Dich nicht der Sonne aus – ihre Färbung verleiht ja den Schönen ein Erblühen –, sondern läufst ungepflegt umher, im Kampf gegen Dich selbst. Doch hast Du Dich getäuscht: Du bist schön, selbst wenn Du es nicht willst, und ziehst alle gerade durch Deine allzu große Nachlässigkeit an, so wie Trauben und Äpfel und andere Dinge, die von sich aus schön sind. Sich schön herzurichten ist etwas für Hetären[H]; verabscheuen muss man mit Mittelchen gewonnene Schönheit, da sie dem Betrug nahesteht. Die reine, unverdorbene und nicht betrügerische Schönheit ist allein denen zu eigen,

δεξαμένων τὸ κάλλος. οὕτω καὶ ὁ Ἀπόλλων ποιμένων ἤρα καὶ Ἀφροδίτη βουκόλων καὶ Ῥέα ἀγροίκων καὶ Δημήτηρ τῶν τὰ ἄστη οὐκ εἰδότων, ὅτι πᾶν ἀληθέστερον τοῦ δεδολωμένου τὸ φύσει παρόν. οὐδεὶς οὐδὲ ἀστέρας οἶδε κοσμουμένους οὐδὲ λέοντας οὐδὲ ὄρνιθας, ὁ δὲ ἵππους καλλωπίζων χρυσῷ ἢ ἐλέφαντι ἢ ταινίαις λανθάνει λυμαινόμενος τοῦ ζῴου τὸ γαῦρον καὶ τέχνῃ παραδιδοὺς τὸ ἄσκημα ἐπανορθοῦσθαι τῆς φύσεως τὰ λείποντα.

(Olearius 39 / Kayser 27 / Hansmann 30)

14

[Γυναικί]

Ἡ καλλωπιζομένη γυνὴ θεραπεύει τὸ ἐλλιπὲς φοβουμένη φωραθῆναι ὃ οὐκ ἔχει· ἡ φύσει καλὴ οὐδενὸς δεῖται τῶν ἐπικτήτων ὡς προσαρκοῦσα ἑαυτῇ πρὸς πᾶν τὸ ὁλόκληρον. ὀφθαλμῶν δὲ ὑπογραφαὶ καὶ κόμης προσθέσεις καὶ ζωγραφίαι παρειῶν καὶ χειλέων βαφαὶ καὶ εἴ τι κομμωτικῆς φάρμακον καὶ εἴ τι ἐκ φυκίου δολερὸν ἄνθος, ἐπανόρθωσις τοῦ ἐνδεοῦς εὑρέθη· τὸ δὲ ἀκόσμητον ἀληθῶς καλόν, ὥστε, εἰ μάλιστα πεπίστευκας σεαυτῇ καὶ τεθάρρηκας, διὰ τοῦτό σε μᾶλλον ἀγαπῶ μαρτύριον τὸ ἄπραγμον ἡγούμενος τῆς ἐν εὐμορφίᾳ πίστεως. οὐ γὰρ κονιᾷς τὰ πρόσωπα, οὐδὲ ἐν ταῖς κηρίναις τέταξαι γυναιξὶν ἀλλ' ἐν ταῖς ἀδόλως καλαῖς, οἷαι καὶ αἱ πρότεραι ἦσαν, ὧν χρυσὸς ἤρα καὶ βοῦς καὶ ὕδωρ καὶ ὄρνιθες καὶ δράκοντες· τὸ δὲ φυκίον καὶ ὁ κηρὸς καὶ

die sie empfangen haben. So liebte auch Apollon[Z] Hirten, Aphrodite[Z] Rinderhüter, Rhea[K] Bauern und Demeter[K] die, welche keine Städte kannten; alles von Natur aus Gegenwärtige ist ja echter als das Vorgetäuschte. Niemand hat jemals gehört, dass Sterne sich schmücken oder Löwen oder Vögel; wer ein Pferd mit Gold, Elfenbein oder Bändern verziert, weiß vielleicht nicht, dass er den natürlichen Stolz des Tieres zerstört und der Kunst die Aufgabe überträgt, den Mängeln der Natur abzuhelfen.

14

[An eine Frau]
Eine Frau, die sich schmückt, hilft einem Mangel ab, weil sie fürchtet, man könnte entdecken, was sie nicht hat. Eine aber, die von Natur aus schön ist, braucht keine zusätzlichen Mittel, denn sie ist sich selbst genug, um ganz und gar vollkommen zu sein. Lidschatten, Perücken, Rouge an den Wangen und Farben an den Lippen und was es an Mittelchen und diesen betrügerischen Blüten aus der Schminkdose gibt, wurden als Abhilfe gegen Mängel erfunden. Das Ungeschminkte aber ist wahrhaft schön. Wenn Du also am meisten Dir selbst vertraust und zuversichtlich bist, liebe ich Dich dafür umso mehr und sehe dies als klares Zeugnis für Dein Vertrauen in Dein gutes Aussehen. Du malst Dein Gesicht nicht an und wirst nicht zu den geschminkten Frauen gerechnet, sondern zu denen, die auch ohne List schön sind – wie die, welche es früher gab, deren Liebhaber als Gold und Stier (Zeus zu Danaë und Europa[Z]), Wasser (Poseidon zu Amymone[K]), Vögel

τὸ Ταραντεινὸν καὶ οἱ ἐπικάρπιοι ὄφεις καὶ αἱ χρυσαῖ πέδαι Θαΐδος καὶ Ἀρισταγόρας καὶ Λαΐδος φάρμακα.

(Olearius 40 / Kayser 22 / Hansmann 31)

15

[Μειρακίῳ]

Πόθεν εἶ, μειράκιον, εἰπέ, ὅθ' οὕτως ἀτέγκτως ἔχεις πρὸς ἔρωτα. ἐκ Σπάρτης ἐρεῖς; οὐκ εἶδες οὖν Ὑάκινθον, οὐδ' ἐστεφανώσω τοῦ τραύματος; ἀλλ' ἐκ Θεσσαλίας; οὐκ ἐδίδαξεν οὖν σε οὐδ' ὁ Φθιώτης Ἀχιλλεύς; ἀλλὰ Ἀθήνηθεν; τὸν Ἁρμόδιον οὖν καὶ τὸν Ἀριστογείτονα οὐ παρῆλθες; ἀλλὰ ἀπ' Ἰωνίας; καὶ τί τῆς γῆς ἐκείνης ἁβρότερον, ὅπου Βράγχοι καὶ Κλάροι οἱ Ἀπόλλωνος καλοί; ἀλλ' ἐκ Κρήτης, ὅπου πλεῖστος ὁ Ἔρως ὁ τὰς ἑκατὸν πόλεις περιπολῶν;

Σκύθης μοι δοκεῖς καὶ βάρβαρος ἀπ' ἐκείνου τοῦ βωμοῦ καὶ τῶν ἀξένων θυμάτων. ἔξεστιν οὖν σοι τὸν πάτριον τιμῆσαι νόμον. εἰ δὲ σώζειν οὐ θέλεις, λάβε τὸ ξίφος· οὐ παραιτοῦμαι, μὴ φοβηθῇς· ἐπιθυμῶ κἂν τραύματος.

(Olearius 41 / Kayser 5 / Hansmann 32)

und Schlangen (Zeus zu Leda[Z] und Persephone[K]) kamen. Schminke, Wachs, das (durchscheinende) Kleid aus Tarent[S], die schlangengestaltigen Armbänder und die goldenen Fußkettchen sind nur Mittelchen von Hetären wie Thaïs[H], Aristagora[H] und Laïs[H].

15

[An einen jungen Mann]
Woher bist Du, junger Mann, sag, der Du so fühllos gegen die Liebe bist? Aus Sparta[S], wirst Du sagen? Hast Du nicht Hyakinthos[Z] gesehen, Dich nicht bekränzt mit (der Blume aus dem Blut) seiner Wunde? Oder aber bist Du aus Thessalien[S]? Hat Dich da Achilleus[T] aus Phthia[S] nichts gelehrt? Oder aber aus Athen[S]? Kamst Du da nicht an den Statuen von Harmodios[H] und Aristogeiton[H] vorbei? Oder aber aus Ionien[S]? Welches Land wäre denn üppiger als jenes, aus dem Branchos[Z] und Klaros[Z] kommen, die Lieblinge des Apollon[Z]? Oder aber aus Kreta[S], wo insbesondere Eros[P] hochgeehrt ist und alle hundert Städte durchzieht?

Ein Skythe[S] scheinst Du mir zu sein, ein Barbar, von jenem berüchtigten Altar und den für Fremde (die an ihm geschlachtet wurden) schlimmen Opfern. Dir ist es möglich, Deinen heimatlichen Brauch auch hier zu pflegen: Wenn Du mich nicht retten willst, greif zum Schwert! Ich flehe nicht um Gnade, fürchte Dich nicht; ich bin voll Begehren –und sei es nach einer Wunde.

16

[Γυναικί]

Εἰ Λάκαινα ἦσθα, ὦ καλή, τῆς Ἑλένης ἂν ἐμνημόνευσα καὶ τῆς νεώς· εἰ Κορινθία, τῶν Λαΐδος κώμων· εἰ Βοιωτία, τῶν Ἀλκμήνης γάμων. εἰ τῶν ἐξ Ἤλιδος, οὐκ ἤκουσας τὸν Πέλοπος δρόμον; οὐκ ἐζήλωσας τὴν ἐκ θεάτρου γαμηθεῖσαν; οὐκ ἐθαύμασας τὸν Ἀλφειόν; οὐκ ἔπιες τοῦ νυμφίου; ἡ δὲ Τυρὼ τῷ Ἐνιπεῖ ἐπενήξατο καὶ ἀγριῶντι ἐπὶ θάλατταν συνήγαγεν, ἦν γὰρ ἀγαθὴ καὶ μεγάλων ἐραστῶν ἀξία. δοκεῖς δέ μοι μηδὲ Θεσπιακή τις εἶναι, πάντως γὰρ κἂν τῷ Ἔρωτι ἔθυες· μηδὲ Ἀττική, τὰς γὰρ παννυχίδας καὶ τὰς ἑορτὰς καὶ τὰ Μενάνδρου δράματα οὐκ ἄν ποτε ἠγνόησας. ἀλλ' εἰ καὶ βάρβαρος εἶ καὶ μία τῶν ἀπὸ Θερμώδοντος παρθένων, ἀλλ' οὖν καὶ ταύτας λόγος νεανίσκοις συμπλέκεσθαι καὶ τίκτειν ἐκ κλοπῆς. ἀλλὰ μὴ Θρᾷττα καὶ Σιδωνία; καὶ μὴν καὶ τούτων Ἔρως ἥψατο, καὶ ἡ μὲν τῷ Νίνῳ συνεπλάκη, ἡ δὲ τῷ Βοιωτῷ.

ἔοικα εὑρηκέναι σε, εἰ μὴ κακός εἰμι καὶ φαῦλος φυσιογνωμονεῖν· Δαναός σοι πατὴρ καὶ χεὶρ ἐκείνη καὶ λῆμα φονικόν· ἀλλὰ κἀκείνων τις τῶν ἀνδροφόνων παρθένων νεανίσκου φιλοῦντος

16

[An eine Frau]
Wärest Du eine Frau aus Lakedaimon[S], Du Schöne, würde ich Dich an Helena[T] und das Schiff erinnern, wärest Du aus Korinth[S], an die trunkenen Züge der Laïs[H], wärest Du aus Boiotien[S], an die Hochzeit der Alkmene[Z]. Wärest Du eine aus Elis[S], hast Du dann nicht vom Wagenrennen des Pelops[M] (um Hippodameia[M]) gehört und hast Du nicht diese Frau beneidet, die vom Schauspiel sogleich zur Hochzeit zog? Hast Du den Fluss(gott) Alpheios[F] nicht bewundert und nicht (wie Arethusa[F]) aus ihm, dem Bräutigam, getrunken? Tyro[K] schwamm auf dem Enipeus[F] und er trug sie zum Meer, denn sie war eine vortreffliche Frau und großer Liebhaber würdig. Du scheinst mir auch nicht aus Thespiai[S] zu sein, sonst hättest Du bestimmt dem Eros[P] geopfert, auch nicht aus Attika[S], denn dann wäre es unmöglich, dass Du die Nachtfeiern und die Feste und die Komödien des Menandros[L] nicht kennst. Doch selbst wenn Du eine Barbarin wärest und eine der Jungfrauen vom Thermodon[F] (Amazonen), so sagt man doch sogar über diese, dass sie sich von jungen Männern umarmen ließen und aus dem heimlichen Umgang Kinder gebaren! Bist Du also eine Frau aus Thrakien[S] oder Sidon[S]? Doch selbst diese berührte Eros[P]; die eine ließ sich von Ninos[M] umarmen, die andere von Boiotos[K].

Mir scheint, ich habe gefunden, wer Du bist, wenn ich nicht ein schlechter und ungeschickter Physiognom bin: Danaos[M] ist Dein Vater, und jene Hand und jener Sinn sind mordlustig! Aber selbst von jenen männermordenden Jungfrauen

ἐφείσατο. οὐχ ἱκετεύω σε· οὐ δακρύω· πλήρωσον τὸ δρᾶμα, ἵνα μου ψαύσῃς κἂν ξίφει.

(Olearius 42 / Kayser 47 / Hansmann 33)

17

[Γυναικί]

Εἰ σωφρονεῖς, διὰ τί ἐμοὶ μόνῳ; εἰ χαρίζῃ, διὰ τί μὴ κἀμοί;

(Olearius 43 / Kayser 6 / Hansmann 34)

18

[Μειρακίῳ]

Ὅτι πένης εἰμί, ἀτιμότερός σοι δοκῶ· καὶ μὴν καὶ αὐτὸς ὁ Ἔρως γυμνός ἐστι καὶ αἱ Χάριτες καὶ οἱ ἀστέρες. ὁρῶ δὲ ἐγὼ καὶ τὸν Ἡρακλέα ἐν ταῖς γραφαῖς δορὰν θηρίου περιβεβλημένον καὶ τὰ πολλὰ χαμαὶ καθεύδοντα, τὸν δὲ Ἀπόλλωνα καὶ ψιλῷ ζώματι ἢ δισκεύοντα ἢ τοξεύοντα ἢ τρέχοντα, οἱ δὲ Περσῶν βασιλεῖς τρυφῶσι καὶ μετέωροι κάθηνται τῷ πολλῷ χρυσίῳ προβαλλόμενοι τὸ σεμνόν· τοιγαροῦν ἔπασχον κακῶς ὑπὸ τῶν πενήτων Ἑλλήνων νικώμενοι. ἦν πτωχὸς ὁ Σωκράτης, ἀλλ᾽ ὑπέτρεχεν αὐτοῦ τὸν τρίβωνα ὁ πλούσιος Ἀλκιβιάδης. πενία γὰρ οὐκ ἔστιν ἔγκλημα οὔτε τὴν ἑκάστου αἰτίαν ἡ τύχη ἀπολύεται τῇ πρὸς ἀλλήλους κοινωνίᾳ. ἄπιδε πρὸς τὸ θέατρον· πενήτων ὁ δῆμος. ἄπιδε πρὸς τὰ δικαστήρια· πένητες κάθηνται. ἄπιδε ἐπὶ τὰς μάχας· οἱ μὲν πολυτελεῖς καὶ χρυσοῖ τοῖς ὅπλοις λείπουσι τὰς τάξεις, ἡμεῖς δὲ ἀριστεύομεν.

verschonte eine ihren jungen Liebhaber. Ich flehe Dich nicht an; ich weine nicht: Bring das Drama zu Ende, damit Du mich einmal berührst – und sei es mit einem Schwert.

17

[An eine Frau]
Wenn Du tugendhaft bist, warum nur für mich? Wenn Du Dich hingibst, warum nicht auch mir?

18

[An einen jungen Mann]
Weil ich arm bin, scheine ich Dir gering. Doch ist sogar Eros[P] selbst nackt, ebenso die Chariten[Z] und die Gestirne. Ich sehe auch Herakles[Z] auf den Bildern nur mit einem umgelegten Tierfell und auf der Erde schlafend, Apollon[Z] nur mit einem bloßen Gürtel beim Diskuswerfen, Bogenschießen oder Laufen. Die Könige der Perser[S] freilich schwelgen, thronen hoch erhaben und geben sich mit viel Gold ein majestätisches Ansehen. Darum erging es ihnen auch schlecht: Sie wurden von den armen Griechen unterworfen. Ein Bettler war Sokrates[D], doch kam der reiche Alkibiades[H] zu ihm unter seinen Mantel. Armut ist keine Schande und das Schicksal löst nicht jede individuelle Schuld an der Gemeinschaft miteinander. Schau auf das Theater: Aus Armen bestehen die Zuhörer. Schau auf die Gerichtshöfe: Arme sitzen dort. Schau auf die Schlachtfelder: Die mit den kostbaren und goldenen Rüstungen laufen weg, wir aber erweisen uns als tapfer.

ἐν αὐτοῖς τε τοῖς πρὸς τοὺς καλοὺς ὑμᾶς σκέψαι πόσον τὸ μεθόριον· ὑβρίζει τὸν πεισθέντα ὁ πλούσιος ὡς ἐωνημένον, ὁ πένης οἶδε χάριν ὡς ἐλεούμενος. ἐκεῖνος σεμνύνεται τῷ θηράματι, ὁ πένης σιωπᾷ. πάλιν ὁ λαμπρὸς τὸ πεπραγμένον ἐς ἐξουσίαν ἀναφέρει τῆς οἰκείας δυνάμεως, ὁ δὲ πένης ἐς τὴν τοῦ δόντος φιλανθρωπίαν. ὁ πλούσιος ἄγγελον πέμπει κόλακα καὶ παράσιτον καὶ μάγειρον καὶ τοὺς ἐκ τῆς τραπέζης, ὁ πένης ἑαυτόν, ὡς μηδὲ ἐν τούτῳ τὴν τιμὴν ἀπεῖναι τῆς αὐτουργίας. ὁ πλούσιος δοὺς εὐθέως ἐλέγχεται, τὸ γὰρ πρᾶγμα κατάφωρον γίγνεται τῷ πλήθει τῶν συνεγνωκότων, ὡς μηδὲ τοὺς γείτονας μηδὲ τοὺς παριόντας τῶν ὁδοιπόρων ἀγνοῆσαι τὸ δρᾶμα· ὁ πένητι χρησάμενος φίλῳ λανθάνει· οὔτε γὰρ ὄγκος τῇ δεήσει πρόσεστι, καὶ τὴν τῶν ἔξωθεν καταβόησιν ἐκτρεπόμενος καὶ τὸ τῶν δυνατωτέρων αὐτοῦ γενέσθαι τινὰς ἀντεραστάς, ὡς ῥᾴστου τοῦ πράγματος, οὐχ ὁμολογεῖ τὴν εὐτυχίαν ἀλλ’ ἀποκρύπτεται. τί δεῖ τὰ πολλὰ λέγειν; ὁ πλούσιος καλεῖ σε ἐρώμενον, ἐγὼ κύριον· ἐκεῖνος ὑπηρέτην, ἐγὼ θεόν· ἐκεῖνος μέρος τῶν αὐτοῦ κτημάτων, ἐγὼ πάντα· ὅθεν ἄλλου πάλιν ἐρασθεὶς ὅμοιος πρὸς ἐκεῖνον ἔσται, πένης δὲ ἅπαξ ἐρᾷ. τίς δύναται παραμεῖναι νοσοῦντι; τίς συναγρυπνῆσαι; τίς συνεξελθεῖν ἐς στρατόπεδον; τίς αὐτὸν προτάξαι πεμπομένου βέλους; τίς ὑπὲρ σοῦ πεσεῖν; ἐν τούτοις πᾶσι πλουτῶ.

(Olearius 44 / Kayser 7 / Hansmann 35)

Sieh, wie groß die Differenz auch in den Beziehungen zu Euch Schönen ist: Der Reiche behandelt den, der ihn erhört hat, voll Hochmut, weil er ja meint, ihn gekauft zu haben; der Arme weiß ihm Dank, weil jener sich seiner erbarmt hat. Jener brüstet sich mit seiner Eroberung, der Arme schweigt. Der Glänzende schreibt seinen Erfolg seinem persönlichen Vermögen zu, der Arme aber der Menschenfreundlichkeit des Gebers. Der Reiche schickt als seinen Boten einen Schmeichler, einen Parasiten, einen Koch oder Bediente von seiner Tafel, der Arme kommt selbst, um sich auch hierin nicht die Ehre nehmen zu lassen, selbst zu handeln. Der Reiche verrät sich sofort durch seine Gaben; die Sache wird offenbar durch die Menge der Mitwisser, sodass nicht einmal die Nachbarn, nicht einmal die Passanten in Unkenntnis über das Drama bleiben; wer aber einen Armen als Liebhaber hat, der bleibt im Verborgenen: Es gibt keinen Aufwand beim Hofieren, man vermeidet das Geschwätz von Außenstehenden und das Aufkommen von vermögenderen Rivalen, wie es ja leicht geschehen könnte; der Arme gesteht sein Glück nicht ein, sondern verbirgt es. Was muss er auch viel sagen? Der Reiche nennt Dich seinen Liebling, ich nenne Dich Herr; jener nennt Dich seinen Diener, ich Gott; jener nennt Dich einen Teil seines Besitzes, ich mein Alles. Daher verliebt jener sich auch wieder in einen anderen und behandelt ihn ebenso; der Arme aber liebt nur ein einziges Mal. Wer kann bei Dir bleiben, wenn Du krank bist? Wer wird mit Dir wach bleiben? Wer mit Dir in den Krieg ziehen? Wer sich vor Dich stellen, wenn ein Pfeil geschossen wurde? Wer für Dich fallen? Das alles ist es, worin ich reich bin.

19

[Γυναικί]

Εἰ μὲν οὖν δέῃ χρημάτων, πένης εἰμί, εἰ δὲ φιλίας καὶ χρηστοῦ τρόπου, πλουτῶ. ἔστι δὲ οὐχ οὕτως ἐμοὶ δεινὸν τὸ μὴ ἔχειν ὡς σοὶ πρὸς αἰσχύνην τὸ μισθοῦ φιλεῖν· ἑταίρας μὲν γὰρ ἔργον προσίεσθαι τοὺς τὰς σαρίσσας ἔχοντας καὶ τὰς σπάθας ὡς ἑτοίμως διδόντας, γυναικὸς δὲ ἐλευθέρας πρὸς τὸ βέλτιστον ἀεὶ βλέπειν καὶ τὸν χρηστὸν ἐν εὐνοίᾳ τίθεσθαι. πρόσταξον ὡς ἔοικέ σοι, πείθομαι· πλεῖν κέλευσον, ἐμβαίνω· πληγὰς ὑπομεῖναι, καρτερῶ· ῥῖψαι τὴν ψυχήν, οὐκ ὀκνῶ· δραμεῖν διὰ πυρός, οὐκ ἀναίνομαι. τίς ταῦτα πλούσιος ποιεῖ;

(Olearius 45 / Kayser 23 / Hansmann 36)

20

[Μειρακίῳ]

Εἰ ξένος ὢν ἐρῶ σου, μὴ θαυμάσῃς· οὐκ ἔστιν ὀφθαλμοὺς ξενίας ἁλῶναι, καὶ γὰρ κάλλος αὐτῶν ὁμοίως καὶ πῦρ ἀνάπτεται, καὶ δεῖ τὸ μὲν λάμψαι, τοὺς δὲ εὐθὺς αἴθεσθαι, διακρίσεως δὲ οὐ δέει οὔτε ὠσὶν οὔτε ὄμμασιν, ἀλλ᾽ εἰσὶ καὶ ξένοις καὶ πολίταις οἱ τῆς ψυχῆς ἄγγελοι. οὐ μὴν ὁ Βράγχος ἔφευγε τὸν Ἀπόλλωνα ὡς ξένον, οὐδὲ ὁ Ὕλλας τὸν Ἡρακλέα, οὐδὲ ὁ Ἀτύμνιος τὸν Ῥαδάμανθυν, οὐδὲ ὁ Πάτροκλος τὸν Ἀχιλλέα, οὐδὲ ὁ Χρύσιππος τὸν Λάιον. ἤρα καὶ Σμερίου Πολυκράτης ὁ Σά-

19

[An eine Frau]

Wenn Du Geld brauchst, so bin ich arm, wenn Du aber Freundschaft und einen redlichen Charakter suchst, bin ich reich. Es ist für mich nicht so schlimm, nichts zu besitzen, wie es für Dich eine Schande ist, für Geld zu lieben. Das Geschäft einer Hetäre[H] ist es, Männer zu empfangen, die Lanze und Schwert führen, da die bereitwillig zahlen; das einer freien Frau aber sollte immer sein, auf das Beste zu blicken und den redlichen Mann zu begünstigen. Trage mir auf, was immer Dir richtig scheint, und ich gehorche. Befiehl mir, zur See zu fahren, und ich gehe an Bord, oder Schläge zu ertragen, und ich nehme sie auf mich, oder meine Seele zu opfern, und ich zögere nicht, oder durch Feuer zu laufen, und ich verweigere das nicht. Welcher Reiche würde dies tun?

20

[An einen jungen Mann]

Wenn ich als Fremder Dich liebe, wundere Dich nicht: Man kann die Augen nicht nach dem Fremdenrecht belangen, und ihre Schönheit entzündet sie ähnlich wie Feuer. Sie muss strahlen, die Augen müssen sich sogleich entzünden. Einen Unterschied darf es auch nicht bei Augen und Ohren geben: Beide sind gleichermaßen für Fremde wie für Bürger Boten der Seele. Branchos[Z] ist gewiss nicht vor Apollon[Z] als vor einem Fremden geflohen, Hylas[Z] nicht vor Herakles[Z], Athymnios[Z] nicht vor Rhadamanthys[Z], Patroklos[T] nicht vor Achilleus[T] und Chrysippos[M] nicht vor Laios[M]. Es liebte Polykrates[H] von Samos[S] den Smerdis[H], Agesilaos[H]

μιος καὶ τοῦ Πέρσου μειρακίου ὁ Ἀγησίλαος· οὐκ οἶδα τοῦ μειρακίου τὸ ὄνομα. ξένοι καὶ οἱ ὄμβροι τῆς γῆς καὶ οἱ ποταμοὶ τῆς θαλάσσης καὶ ὁ Ἀσκληπιὸς Ἀθηναίων καὶ ὁ Ζεὺς ἡμῶν καὶ ὁ Νεῖλος Αἰγυπτίων καὶ ὁ Ἥλιος πάντων. ξένη καὶ ἡ ψυχὴ τοῦ σώματος καὶ ἡ ἀηδὼν τοῦ ἔαρος καὶ ἡ χελιδὼν τῆς οἰκίας καὶ ὁ Γανυμήδης τοῦ οὐρανοῦ καὶ ἡ ἀλκυὼν τῆς πέτρας καὶ ὁ ἐλέφας Ῥωμαίων καὶ ὁ ὄρνις ὁ φοῖνιξ τῶν Ἰνδῶν· οὗτος μὲν ὁ ξένος καὶ βραδύς, τὸν δὲ πελαργὸν οἱ πρῶτοι θεασάμενοι καὶ προσκυνοῦσι. ξένα καὶ τὰ γράμματα, ἐκ Φοινίκης γὰρ ἦλθε, καὶ Σηρῶν ὑφαὶ καὶ ἡ μάγων θεολογία, οἷς πᾶσιν ἥδιον χρώμεθα ἢ τοῖς ἐγχωρίοις, ὅτι τῶν μὲν σπάνιον τὸ ἐπίκτητον, τῶν δὲ ὀλίγωρον τὸ οἰκεῖον. ἀμείνων καὶ ἐραστὴς ὁ ξένος, ὅσῳ καὶ ἀνύποπτος τῇ ἀγνωσίᾳ καὶ πρὸς τὸ λαθεῖν ἀφανέστερος. εἰ δὲ δέῃ καὶ μένοντος, ἔγγραψόν με σὺ καὶ Ζεὺς γενοῦ Φράτριος καὶ Ἀπόλλων πατρῷος, ἡ δὲ φυλὴ τοῦ Ἔρωτος.

(Olearius 46 / Kayser 8 / Hansmann 37)

21

[Γυναικί]

Τὴν καλὴν ἀπὸ τοῦ τρόπου δεῖ τῶν ἐραστῶν ποιεῖσθαι τὸν κατάλογον, οὐκ ἀπὸ τοῦ γένους, καὶ γὰρ ξένος ἐπιεικὴς δύναται γενέσθαι καὶ πολίτης κακός, ὅσῳ καὶ τοῦ φρονεῖν ἐγγύτερός ἐστιν. ὁ μὲν οὖν ἐγχώριος οὐδὲν διαφέρει λίθων καὶ παντὸς τοῦ μένοντος, ὧν τὸ ἑδραῖον ἀνάγκῃ

einen jungen Mann aus Persien[L]; dessen Namen kenne ich nicht. Fremde sind auch die Regengüsse der Erde und die Flüsse dem Meer, Asklepios[Z] den Athenern[S] und Zeus[Z] uns, der Nil[S] den Ägyptern[S] und Helios[K] (die Sonne) allen. Fremd ist auch die Seele dem Körper, die Nachtigall dem Frühling, die Schwalbe dem Haus, Ganymedes[Z] dem Himmel, der Eisvogel den Felsen, der Elefant den Römern[S], der Vogel Phönix den Indern[S]. Dieser Fremde ist langsam, den Storch aber verehren sogar diejenigen, die ihn zuerst sehen. Fremd sind auch die Buchstaben, die ja aus Phoinikien[S] kamen, fremd auch die Seide der Serer[S] und die Götterlehre der Magier – und doch benutzen wir all dies sogar lieber als unsere einheimischen Güter. Als rar gilt, was man einführt, als billig, was man schon hat. Besser ist daher ein Liebhaber aus der Fremde, je mehr er in der Unbekanntheit unsichtbar und im Blick auf das Verborgenbleiben unbeachtet bleibt. Wenn Du aber einen willst, der bleibt, schreibe mich (in die Bürgerliste) ein! Sei Du mein Zeus[Z] Phratrios und mein Apollon[Z] Patroos, die Phyle (Bürgerschaftsabteilung) aber sei die des Eros[P]!

21

[An eine Frau]
Die schöne Frau muss die Liste ihrer Liebhaber nach dem Charakter zusammenstellen, nicht nach der Abstammung. Ein Fremder kann ordentlicher sein, ein Bürger schlecht, umso mehr, je näher es ihm liegt, sich darauf etwas einzubilden. Der Einheimische unterscheidet sich nicht von den Steinen und allem anderen, was vor Ort bleibt, deren Unbeweglichkeit ein Zwang ist. Der

πρόσεστιν, ὁ δὲ ξένος ἔοικε τοῖς ὀξυτάτοις θεοῖς Ἡλίῳ καὶ ἀνέμοις καὶ ἄστροις καὶ Ἔρωτι, ὑφ' ὧν κἀγὼ πτηνὸς γενόμενος δεῦρο ἐλήλυθα κινηθεὶς προφάσει κρείσσονι. μή μου τὴν ἱκεσίαν ὑπερίδῃς· οὐδὲ γὰρ τὸν Πέλοπα Ἱπποδάμεια ἠτίμησε ξενον ὄντα καὶ βάρβαρον, οὐδὲ ἡ Ἑλένη τὸν δι' αὐτὴν παρόντα, οὐδὲ ἡ Φύλλις τὸν ἐκ θαλάττης, οὐδὲ ἡ Ἀνδρομέδα τὸν πρὸς αὐτὴν καταπτάντα. ᾔδεσαν γὰρ ὡς παρὰ μὲν τῶν ἐγχωρίων μίαν πόλιν λαμβάνουσι, παρὰ δὲ τῶν ξένων πολλάς·

εἰ δὲ δοκεῖ, φέρε, ἐπὶ συνθήκαις γενέσθω τὸ πρᾶγμα· ἢ ἀμφότεροι μένωμεν ἢ μετ' ἀλλήλων ἐκεῖσε ἀπέλθωμεν. οὐ δέχῃ τοῦτο· γνῶθι οὖν ὡς γενέσθαι μὲν ἰχθὺς ξένος οὐκ ἀνέχεται, χαίρει δὲ μεταβολαῖς τῆς γῆς οὔσης μιᾶς. τί γὰρ ἄλλο αἱ πατρίδες ἢ μέτρα δειλὰ ἀγεννῶν νομοθετῶν ὅροις καὶ πύλαις διαγραφόντων τὰ οἰκεῖα, ἵνα ταῖς εὐνοίαις στενοχωρώμεθα ὑπερβαίνειν ὀκνοῦντες τὸ πινάκιον τῆς χωροφιλίας; καὶ μὴν κἀγὼ τοῦ ἔρωτος ξένος καὶ σὺ τοῦ κάλλους, οὐ γὰρ ἡμεῖς πρὸς ταῦτα ἀπήλθομεν ἀλλ' αὐτὰ πρὸς ἡμᾶς κατῆλθε, καὶ τὴν παρουσίαν αὐτῶν δεδέγμεθα ἡδέως, ὡς τὴν τῶν ἄστρων οἱ πλέοντες. εἰ δ' ἐμοὶ τὸ ξένῳ εἶναι οὐ γίγνεται πρὸς τὸν ἔρωτα ἐμποδών, μηδὲ σοὶ κώλυμα ἔστω πρὸς τὸ συνιέναι τῶν ἐρώντων. ταχύ γ' ἂν φυγάδα εἵλου νυμφίον, ὥσπερ Ἄδραστος τὸν Πολυνείκην

Fremde hingegen gleicht den schnellsten Göttern: dem Helios[K] (der Sonne), den Winden, den Sternen und dem Eros[P]. Von diesen bin auch ich beflügelt und hierher gekommen, getrieben von einer mächtigeren Ursache. Verschmähe mein Bittflehen nicht! Auch Hippodameia[M] hat Pelops[M] nicht verachtet, obwohl er ein Fremder und Barbar war, noch Helena[T] den (Paris), der ihretwegen gekommen war, noch Phyllis[M] den (Demophon), der übers Meer kam, noch Andromeda[Z] den (Perseus), der ihr zu Hilfe herabflog. Sie wussten ja, dass sie von den Einheimischen nur eine einzige Stadt erhalten konnten, von den Fremden aber viele.

Wenn es Dir recht scheint, auf, lass uns die Sache mit einem Vertrag regeln: Entweder wollen wir beide hierbleiben oder gemeinsam von hier fortziehen. Du akzeptierst das nicht? Wisse, dass ein Fremder es zwar nicht aushält, ein Fisch zu werden, aber einen Ortswechsel auf der Erde genießt, die ja eine Einheit ist. Was sind denn die Vaterländer anders als armselige Einheiten unedler Gesetzgeber, die mit Grenzlinien und Toren das eigene Gebiet bezeichnen, damit wir in unseren Zuneigungen eng begrenzt sind und nicht das Täfelchen unserer Heimatliebe verlassen? Ja, ich bin der Gastfreund der Liebe, Du aber der Schönheit. Wir zogen ja nicht zu diesen hin, sondern sie kamen zu uns: Ihre Gegenwart haben wir gerne begrüßt, wie Schiffer die der Sterne. Wenn aber für mich mein Fremdsein kein Hindernis für die Liebe ist, dann soll es auch bei Dir kein Hindernis für das Zusammenkommen der Liebenden sein. Rasch hättest Du wohl einen Flüchtling als Gatten gewählt, so wie Adrastos[M] den Polyneikes[M] und

καὶ τὸν Τυδέα, οὓς γαμβροὺς ἐποιήσατο ἐπὶ τῆς βασιλείας κτήσει. εἴ τις ἀποκλείει καὶ ξένον πῦρ οὐκ ἐναῦσαι θέλοντα ἀλλὰ τὸ καόμενον σβέσαι; μὴ λακώνιζε, ὦ γύναι, μηδὲ μιμοῦ τὸν Λυκοῦργον· ξενηλασίαν Ἔρως οὐκ ἔχει.

(Olearius 47 / Kayser 28 / Hansmann 38)

22

[Μειρακίῳ]

Ποσάκις σοι τοὺς ὀφθαλμοὺς ἀνέῳξα ἵνα ἀπέλθῃς, ὥσπερ οἱ τὰ δίκτυα ἀναπτύσσοντες τοῖς θηρίοις ἐς ἐξουσίαν τοῦ φυγεῖν; καὶ σὺ μένεις ἑδραῖος κατὰ τοὺς δεινοὺς ἐποίκους οἳ χώραν ἅπαξ ἀλλοτρίαν καταλαβόντες οὐκέτι δέχονται τὴν ἀπανάστασιν. καὶ δὴ πάλιν, ὥσπερ εἴωθα, ἐπαίρω τὰ βλέφαρα· ἀπόπτηθι ἤδη ποτὲ καὶ τὴν πολιορκίαν λῦσον καὶ γενοῦ ξένος ἄλλων ὀμμάτων. οὐκ ἀκούεις, ὅς γε καὶ μᾶλλον ἔχῃ τοῦ πρόσω καὶ μέχρι τῆς ψυχῆς. καὶ τίς ὁ καινὸς ἐμπρησμός; κινδυνεύω αἰτῶν ὕδωρ· κοιμίζει δὲ οὐδείς, ὅτι τὸ σβεστήριον ἐς ταύτην τὴν φλόγα ἀπορώτατον, εἴτε ἐκ πηγῆς κομίζοι τις εἴτε ἐκ ποταμοῦ λαμβάνοι· καὶ γὰρ αὐτὸ ὑπὸ Ἔρωτος τὸ ὕδωρ καίεται.

(Olearius 48 / Kayser 11 / Hansmann 39)

23

[Γυναικί]

Τί τὸ καινὸν ἀνδρολήψιον τοῦτο; τίς ἡ τυραννίς; ἕλκεις με ἀπὸ τῶν ὀμμάτων καὶ σύρεις μὴ

den Tydeus[M] aufnahm, die er zu seinen Schwiegersöhnen für die Übernahme der Königsherrschaft machte. Schließt man einen Fremden aus, der ein Feuer nicht entzünden, sondern das schon brennende löschen will? Mache es nicht wie die Lakedaimonier[S], Du Frau, ahme nicht Lykurgos[H] nach: Eine Vertreibung von Fremden duldet Eros[P] nicht!

22

[An einen jungen Mann]
Wie oft habe ich für Dich meine Augen geöffnet, damit Du fortgehst, so wie man die Netze öffnet für die wilden Tiere, damit sie fliehen können? Du aber bleibst sesshaft, wie schreckliche Eindringlinge, die fremdes Land einmal in Besitz genommen haben und einen Abzug nicht mehr in Betracht ziehen. Auch jetzt wieder, wie so oft, hebe ich meine Lider: Fliege doch endlich fort, hebe die Belagerung auf und werde Gastfreund für andere Augen! Du aber hörst ja gar nicht, der Du Dich nur umso mehr drinnen fest hältst, bis in die Seele. Was für eine neue Entzündung ist dies? Ich bin in Gefahr und rufe nach Wasser, aber niemand bringt es, denn das Löschmittel für diese Flamme ist unauffindbar, da man es nicht aus der Quelle holen und nicht aus dem Fluss nehmen kann: Sogar das Wasser selbst wird von Eros[P] verbrannt!

23

[An eine Frau]
Was ist das für ein neuer Menschenraub? Was für eine Tyrannis? Du ziehst mich mit Deinen Augen an und reißt mich Unwilligen hin, so wie die Cha-

θέλοντα, ὥσπερ τοὺς πλέοντας ἡ Χάρυβδις ἀνερρόφει. ἦσαν ἄρα καὶ Ἔρωτος πέτραι καὶ ὀφθαλμῶν πνεύματα, οἷς τις ἅπαξ ἐνσχεθεὶς καταδύεται. τοῦτο μὲν οὖν οὐχ εἶχεν οὐδ' ἡ Χάρυβδις· ἐμπρόθεσμον ἐκεῖνο τὸ ναυάγιον καὶ μικρόν τις ἀναμείνας σωτηρίας εὐπόρει δένδρον εὑρὼν ἐν πελάγει, ὁ δὲ ἐς ταύτην ἅπαξ τὴν θάλατταν καταρρυεὶς οὐκ ἔτι ἐξέρχεται.

(Olearius 49 / Kayser 50 / Hansmann 40)

24

[Μειρακίῳ]

Τοὺς ὄρνις αἱ καλιαὶ δέχονται, τοὺς ἰχθύας αἱ πέτραι, τὰ ὄμματα τοὺς καλούς, κἀκείνων μὲν πλάναι μεθισταμένων καὶ μετοικούντων ἄλλοτε ἐπ' ἄλλους τόπους – ἄγουσι γὰρ αὐτοὺς ὡς ἄγουσιν οἱ καιροί –, κάλλος δὲ ἅπαξ ἐπ' ὀφθαλμοὺς ῥυὲν οὐκέτ' ἄπεισιν ἐκ τούτου τοῦ καταγωγίου. οὕτω κἀγώ σε ὑπεδεξάμην καὶ φέρω πανταχοῦ τοῖς τῶν ὀμμάτων δικτύοις· κἄν τε ἔμπορός τις ἔλθω, ποιμαίνειν μοι δοκεῖς καὶ καθῆσθαι πείθων τοὺς λίθους, κἄν τε ἐπὶ θάλατταν ἔλθω, ἀνάγει σε ἡ θάλαττα ὥσπερ τὴν Ἀφροδίτην ὁ βυθός, ἄν τε ἐπὶ λειμῶνα, αὐτῶν τῶν ἀνθῶν ἐξέχεις· καίτοι οὐδὲν τοιοῦτον ἐκεῖ φύεται· καὶ γὰρ εἰ καλὰ καὶ χαρίεντα ἄλλως, ἀλλὰ μιᾶς ἡμέρας. καὶ μὴν καὶ ποταμοῦ πλησίον γενόμενος τὸν μὲν οὐκ οἶδα ὅπως ἠφάνισται, σὲ δὲ ῥεῖν ἀντ' ἐκείνου νομίζω καλὸν καὶ μέγα καὶ πολὺ μεῖζον τῆς θαλάττης. ἀπιδὼν δὲ ἐς οὐρανὸν τὸν μὲν ἥλιον ἡγοῦμαι πεπτωκέναι καὶ κάτω που βαδίζειν, ἀντ' ἐκείνου

rybdis[S] die Schiffer hinabzog. Es gab also auch Felsen des Eros[P] und Stürme der Augen; wenn man einmal von ihnen ergriffen wird, geht man unter. Das vermochte nicht einmal die Charybdis; jener Schiffbruch drohte nur in Abständen, und wer ein wenig wartete, konnte sich wohl retten, wenn er im Meer einen Baumstamm fand. Wer aber einmal in dieses Meer hier versunken ist, der kommt nie mehr heraus.

24

[An einen jungen Mann]

Nester nehmen Vögel auf, Felsen Fische, die Augen aber die Schönen; jene wandern umher, wechseln ihren Ort und ziehen immer zu anderen Orten – sie ziehen diese nämlich so, wie die Jahreszeiten ziehen –, wenn aber die Schönheit einmal in die Augen geflossen ist, dann zieht sie nie mehr aus dieser Herberge fort. So habe auch ich Dich aufgenommen und trage Dich überall umher in den Augennetzen. Wenn ich als Fernhändler komme, scheinst Du mir ein Hirt, der dasitzt und sogar die Steine verzaubert. Wenn ich über das Meer komme, bringt Dich das Meer empor wie einst die Tiefe die Aphrodite[Z]. Wenn ich auf eine Wiese komme, überragst Du selbst die Blumen: Nichts Gleichartiges wächst dort! Zwar sind die Blumen schön und auf andere Art anmutig, doch nur für einen einzigen Tag. Ja, wenn ich in die Nähe eines Flusses komme, so verschwindet er, ich weiß nicht wie, und an seiner Statt glaube ich Dich schön und groß strömen zu sehen, viel stärker als das Meer. Wenn ich zum Himmel aufblicke, meine ich, dass die Sonne untergegangen ist und

δὲ φαίνειν ὃν ἐγὼ βούλομαι. εἰ δὲ γένοιτο καὶ νύξ, δύο βλέπω μόνους ἀστέρας, τὸν ἕσπερον καὶ σέ.
(Olearius 50 / Kayser 10 / Hansmann 41)

25

[Γυναικί]
Πόθεν μου τὴν ψυχὴν κατέλαβες; ἢ δῆλον ὅτι ἀπὸ τῶν ὀμμάτων, ἀφ᾽ ὧν μόνων κάλλος ἐσέρχεται; ὥσπερ γὰρ τὰς ἀκροπόλεις οἱ τύραννοι καὶ τὰ ἐρυμνὰ οἱ βασιλεῖς καὶ τὰ ὑψηλὰ οἱ θεοὶ καταλαμβάνουσιν, οὕτω καὶ ὁ Ἔρως τὴν τῶν ὀφθαλμῶν ἀκρόπολιν, ἣν οὐ ξύλοις οὐδὲ πλίνθοις ἀλλὰ μόνοις βλεφάροις τειχίσας ἡσυχῇ καὶ κατὰ μικρὸν τὴν ψυχὴν ἐσδύεται, ταχέως μέν, ὡς πτηνός, ἐλεύθερος δέ, ὡς γυμνός, ἄμαχος δέ, ὡς τοξότης. τὰ δὲ ὄμματα, ἐπεὶ πρῶτα συνίησι κάλλους, διὰ τοῦτο μάλιστα καὶ καίεται, θεοῦ τινος, οἶμαι, θελήσαντος αὐτοῖς τὴν αὐτὴν ὁδὸν καὶ τῆς ἐς τὸ βλέπειν ἡδονῆς εἶναι καὶ τῆς ἐς τὸ λυπεῖσθαι προφάσεως. τί γάρ, ὦ κακοὶ δᾳδοῦχοι Ἔρωτος καὶ τῆς σωμάτων ὥρας περίεργοι μάρτυρες, πρῶτοι μὲν τὸ κάλλος ἡμῖν ἐπυρσεύσατε, πρῶτοι δὲ μεμνῆσθαι τὴν ψυχὴν ἐδιδάξατε τῆς ἔξωθεν ἐπιρροῆς, πρῶτοι δὲ ἐβιάσασθε τὸν ἥλιον καταλιποῦσαν πῦρ ἀλλότριον ἐπαινεῖν; τοιγαροῦν ἀγρυπνεῖτε καὶ καίεσθε καὶ φλογίζεσθε, ἀπαλλαγὴν ὧν εἵλεσθε εὑρεῖν μὴ δυνάμενοι. μακαρίων, ὦ θεοί, τῶν ἐκ γενετῆς τυφλῶν, ἐφ᾽ οὓς Ἔρως ὁδὸν οὐκ ἔχει.
(Olearius 51 / Kayser 12 / Hansmann 42)

irgendwo unten dahin zieht, dass an ihrer Statt aber der leuchtet, den ich will; wenn es Nacht geworden ist, sehe ich nur noch zwei Gestirne: den Abendstern und Dich.

25

[An eine Frau]
Von woher hast Du wohl meine Seele ergriffen? Offenbar nicht von den Augen her, durch die allein Schönheit einzieht? So wie Tyrannen die Akropolen besetzt halten, Könige die Festungen, Götter die Bergeshöhen, so auch Eros[P] die Akropolis der Augen. Er befestigt sie nicht mit Pfählen und Bausteinen, sondern allein mit den Augenlidern und schleicht sich still und allmählich in die Seele, rasch zwar, denn er ist geflügelt, doch frei, denn er ist nackt, und unüberwindlich, denn er ist ein Bogenschütze. Sobald die Augen erstmals die Schönheit wahrnehmen, geraten sie gerade dadurch in Brand, weil ein Gott – so meine ich – will, dass auf demselben Weg das Vergnügen des Sehens und der Grund für das Liebesleid zustande kommen. Warum nur, Ihr schlimmen Fackelträger des Eros[P], Ihr allzu eifrigen Zeugen körperlicher Anmut, wart Ihr die ersten, uns durch Euer Feuer die Schönheit anzuzeigen, die ersten, die Seele das Erinnern an die äußeren Eindrücke zu lehren, die ersten, sie zur Abkehr von der Sonne zu zwingen und zur Hinwendung zu einem anderen Feuer? Darum also seid Ihr stets wach, brennt und glüht und könnt keine Befreiung finden von dem, was Ihr Euch selbst gewählt habt. Wie glücklich, Ihr Götter, sind doch die von Geburt an Blinden, zu denen Eros[P] den Weg nicht zu finden vermag!

26

[Μειρακίῳ]

Ἀπέκλειόν σοι τὰ ὄμματα. πῶς σοι; εἴπω· ὡς οἱ πολιορκούμενοι τὰς πύλας. καὶ σὺ τὴν φρουρὰν λαθὼν ἔνδον εἶ. λέγε, τίς σε ἐσήγαγεν, εἰ μή τι τὰ ὄμματα ἐρωτικὸν καὶ κατὰ τῆς ψυχῆς γενόμενον, ἥ γε πάλαι μὲν μόνα ἐνεθυμεῖτο ἃ ἤθελε καὶ περὶ τὰ κάλλιστα ἐσπουδάκει φιλοσοφοῦσα, καὶ ἦν αὐτῆς ὁ ἔρως τὰ οὐρανοῦ νῶτα ὁρᾶν καὶ περὶ τῆς κατὰ ταῦτα ὄντως οὐσίας πολυπραγμονεῖν καὶ τίνες αἱ τοῦ παντὸς περίοδοι καὶ τίς ἡ ταῦτα ἄγουσα Ἀνάγκη, καὶ τὸ σκέμμα ἐδόκει χαριέστατον ἡλίῳ συνδραμεῖν καὶ σελήνῃ συγκινδυνεῦσαι μὲν ἀπιούσῃ συνησθῆναι δὲ πληρουμένῃ τῷ τε ἄλλῳ χορῷ τῶν ἀστέρων συμπλανηθῆναι καὶ μηδὲν ἄβατον μηδὲ ἀθέατον καταλιπεῖν τῶν ὑπὲρ γῆν μυστηρίων,

ἀφ᾽ οὗ δὲ ἀνθρωπίνῳ πλησιάσασα ἔρωτι ἑάλω κάλλους ὄμμασι, πάντων ἀμελήσασα ἐκείνων περὶ ἓν τοῦτο ἐσπούδακε, καὶ ὅσον ἂν τῆς ἔξω μορφῆς σπάσῃ, τοσοῦτον ἔνδον συντίθησι καὶ μνήμῃ ταμιεύεται, τὸ δὲ ἔσω παρελθὸν φῶς μέν ἐστιν ἐν ἡμέρᾳ, νύκτωρ δὲ ὄναρ γίγνεται.

(Olearius 52/ Kayser 56 / Hansmann 43)

26

[An einen jungen Mann]
Ich verschloss vor Dir die Augen. Wie, vor Dir? Ich will es sagen: wie die Belagerten die Stadttore! Du aber hast die Wache hintergangen und bist im Inneren. Sag, wer hat Dich hereingelassen, wenn nicht etwas an den Augen Erotisches auch in die Seele hinab gedrungen ist, die früher allein bedachte, was sie wollte, und die erhabensten philosophischen Themen betrachtete und deren Sehnsucht es war, die Wölbung des Himmels zu schauen und sich eifrig um sein wahres Wesen zu bemühen: Was sind die Umläufe des Ganzen, was die dies treibende Ananke[P] (Notwendigkeit)? Als die angenehmste Betrachtung erschien es ihr, mit der Sonne auf ihren Lauf zu gehen, gemeinsam mit dem Mond bei seinem Abnehmen gefährdet zu sein und sich bei seinem Zunehmen mitzufreuen, an dem Reigen der anderen Gestirne teilzuhaben und nichts unbeschritten oder unbetrachtet zu lassen von den Geheimnissen über der Erde.

Seit sie sich aber einmal der menschlichen Liebe genähert hat und durch die Augen von der Schönheit erobert wurde, hat sie all jenes vernachlässigt und kümmert sich nur noch um das Eine, und was immer sie sich angeeignet hat von der Gestalt außerhalb, das fügt sie innerhalb zusammen und bewahrt es im Gedächtnis. Was in das Innere dringt, ist am Tag ein Leuchten, nachts aber wird es ein Traum.

27

[Γυναικί]

Τὰ μὲν σὰ ὄμματα φιλῶ, τὰ δὲ ἐμαυτοῦ μισῶ, τοῖς μὲν γὰρ σύνεσιν πολλὴν συνέγνωκα, τοῖς δὲ δεινὴν περιεργίαν· ἀναίσχυντά ἐστίν, ἀλλὰ καὶ κρύπτειν οὐδὲν δυνάμενα ὧν ἑώρακεν ἅπαξ. οὐκ ἀφέστηκε γοῦν μου τῇ ψυχῇ λέγοντα, »Οὐκ εἶδες τὴν εὔκομον, τὴν εὐπρόσωπον; ἧκε, ἀνάβηθι, ἀλλὰ καὶ γράψον καὶ κλαῦσον καὶ δεήθητι.« ἡ δὲ εὖ μάλα πείθεται, πείθεται δὲ παρακούειν μὴ δυναμένη λίχνων δορυφόρων, καὶ γὰρ μὴ βουλομένην σύρουσιν ἔξω καὶ βιάζονται φρονεῖν ὅσα αὐτοὶ προλαβόντες ἐπῄνεσαν. ἀμέλει πρὶν Ἔρωτα ἐς γῆν καταπτῆναι μόνον τὸν ἥλιον ἠπίστατο ἡ ψυχὴ καλὸν καὶ τοῦτο αὐτῆς τὸ θέαμα καὶ θαῦμα ἦν, γευσαμένη δὲ ὥρας ἀνθρωπίνης ἐκ μὲν τῆς σπουδῆς ἐκείνης κατέπεσεν, ἐς δὲ θητείαν ὑπήχθη πικράν, ἧς ἔργα θυραυλίαι καὶ χαμαικοιτίαι καὶ ἡ πρὸς θάλπος καὶ χειμῶνα ἀντίταξις καὶ ἡ »ἤ μ' ἀνάειρ' ἢ ἐγὼ σέ« πρὸς τὸν ἀντεραστὴν μάχη. τούτων δὲ εἶ πάντων σὺ τὸ φάρμακον ἔργου ἐφημέρου ποιήματα ἀθάνατα καὶ βραχείας σώματος ἡδονῆς μνήμην ἀντιλαβοῦσα ἀγήρω· ἃ μὲν γὰρ δώσεις, κοινὰ καὶ ῥᾴδια τοῦ θήλεος παντός, ἃ δὲ κτήσῃ ἀντὶ τούτων οὐδ' ἂν εἴποιμι ὅσα – εὔνοια καὶ μνήμη καὶ νύξ, ἀφ' ὧν καὶ μήτηρ καὶ πατὴρ γίγνεται.

(Olearius 53 / Kayser 29 / Hansmann 44)

27

[An eine Frau]

Deine Augen liebe ich, meine hasse ich, denn ich habe in Deinen große Einsicht erkannt, in den meinen nur gewaltige Geschäftigkeit; unverschämt sind sie und vermögen nichts zu verbergen, was sie einmal gesehen haben. So hören sie nun nicht auf, zu meiner Seele zu sprechen: »Hast Du die mit dem schönen Haar nicht gesehen, die mit dem schönen Gesicht? Komm, steh auf! Ja schreibe und jammere und bitte!« Die Seele aber gehorcht sehr gerne: Sie gehorcht, da sie den lüsternen Wächtern gar nicht ungehorsam sein kann. Ja, gegen ihren Willen ziehen jene sie heraus und zwingen sie zu denken, was sie selbst schon im Voraus gebilligt haben. Jedenfalls kannte, bevor Eros[P] zur Erde herabflog, die Seele nur die Sonne als schön, ihr galt ihr Schauen und Staunen. Als sie aber menschlichen Liebreiz kostete, da verging jener Eifer und sie geriet in bittere Knechtschaft; da muss sie nun vor der Tür warten, auf dem Boden schlafen, der Hitze und der Kälte trotzen und den Kampf – »Entweder streckst Du mich hin oder ich Dich!« – gegen den Nebenbuhler bestehen: Für all dieses bist Du das Mittelchen. Für eine Eintagstat erhältst Du unsterbliche Werke und für ein kurzes Vergnügen nie alterndes Erinnern. Was Du gibst, ist für jede Frau allgemein und einfach, was Du dafür gewinnst, unaussprechlich groß – Zuneigung, Erinnerung und die Nacht, aus der auch Mutter und Vater hervorgehen.

28

[Μειρακίῳ]
Ὁ Ἀγαμέμνων, ὅτε μὲν ὀργῆς ἐκράτει, καλὸς ἦν καὶ οὐχ ἑνὶ θεῷ ἀλλὰ πολλοῖς ὅμοιος,

> ὄμματα καὶ κεφαλὴν ἴκελος Διὶ τερπικεραύνῳ,
> Ἄρεϊ δὲ ζώνην, στέρνον δὲ Ποσειδάωνι,

ὅτε δὲ ἐνησχημόνει τῇ γλυκύτητι τοῦ θυμοῦ καὶ πρὸς τοὺς ἑταίρους ἠγρίωτο, ἔλαφος καὶ κύων ἐνομίζετο καὶ τὰ τοῦ Διὸς ὄμματα οὐδαμοῦ· σῦς μὲν γὰρ ὀργίζεται καὶ κύνες καὶ ὄφεις καὶ λύκοι καὶ ὅσα ἄλλα οὐ χρῆται λογισμῷ θηρία, καλὸς δὲ ἄνθρωπος καὶ μὴ γελάσας μόνον λυπεῖ, μήτοι γε καὶ σκυθρωπότερος ἑαυτοῦ γενόμενος. οὐ πρέπει δὲ οὐδὲ ἡλίῳ τοῦ προσώπου νεφέλην προβάλλεσθαι. τίς ἡ κατήφεια αὕτη, τίς ἡ νύξ, τί τὸ στυγνὸν σκότος τοῦτο; μειδίασον, κατάστηθι, ἀπόδος ἡμῖν τὴν τῶν ὀμμάτων ἡμέραν.
(Olearius 54 / Kayser 24 / Hansmann 45)

29

[Γυναικί]
Ἐχθές σε ὀργιζομένην κατέλαβον καὶ ἔδοξα ἄλλην βλέπειν· τούτου δὲ αἴτιον ἡ τοῦ θυμοῦ ἔκστασις ἀκριβῶς σοι συγχέασα τὴν τοῦ προσώπου χάριν. νῦν δὴ μεταποίει σεαυτὴν μηδὲ ἄγριον βλέπε. οὐδὲ γὰρ τὴν σελήνην ἔτι λαμπρὰν δοκοῦμεν ὅταν ᾖ συννεφής, οὐδὲ τὴν Ἀφροδίτην καλὴν ὅταν ὀργίζηται ἢ δακρύῃ, οὐδὲ τὴν Ἥραν βοῶπιν

28

[An einen jungen Mann]
Als Agamemnon[T] seinen Zorn bezähmte, da war er schön und nicht nur einem Gott ähnlich, sondern vielen:

> Gleich an Augen und Haupt dem donnerfrohen Zeus[Z],
> Gleich dem Ares[Z] an Gürtel und an Brust dem Poseidon[K].
> (Homer, »Ilias« 2,478–479)

Als er aber in der Süße des Zorns seine Haltung verlor und gegen seine Gefährten wütete, hielt man ihn für einen Hirsch und Hund, und die Augen des Zeus[Z] waren nirgendwo; ein Eber mag ja zornig toben, auch Hunde, Schlangen, Wölfe und andere unvernünftige Tiere; ein schöner Mensch aber macht schon traurig, wenn er nicht lacht – wie viel mehr erst, wenn er finsterer als sonst erscheint! Auch für die Sonne gehört es sich nicht, dass sie ihr Gesicht mit einer Wolke verhüllt. Was soll dann diese Niedergeschlagenheit, was diese Nacht, was diese traurige Finsternis? Lächle, beruhige Dich und gib uns das Tageslicht Deiner Blicke wieder!

29

[An eine Frau]
Gestern traf ich Dich zürnend an und glaubte, eine andere zu sehen. Die Ursache davon, die Erregung Deines Gemüts, hat Dir die Anmut des Gesichts völlig entstellt. Nun also ändere Dich und blicke nicht mehr wild! Den Mond halten wir nicht mehr für strahlend, wenn er umwölkt ist, Aphrodite[Z] nicht mehr für schön, wenn sie zürnt oder weint,

ὅταν χαλεπαίνῃ τῷ Διί, οὐδὲ τὴν ἅλα δῖαν ὅταν ταράττηται. ἡ δὲ Ἀθηνᾶ καὶ τοὺς αὐλοὺς ἔρριψε ὡς τὸ πρόσωπον αὐτῆς συγχέοντας. ἤδη καὶ τὰς Ἐρινῦς Εὐμενίδας καλοῦμεν, ὡς τὸ σκυθρωπὸν ἀρνουμένας, καὶ ταῖς ἀκάνθαις τῶν ῥόδων χαίρομεν, ὅτι ἐξ ἀγρίου θάμνου καὶ λυπεῖν καὶ κεντεῖν εἰδότος γελῶσιν ἐν τοῖς ῥόδοις. ἄνθος ἐστὶ καὶ γυναικὸς ἡ τοῦ προσώπου γαλήνη. μὴ τραχεῖα γίγνου μηδὲ φοβερά, μηδὲ ἀποστεροῦ τὸ κάλλος, μηδὲ ἀφαιροῦ ῥόδων σεαυτήν, ἃ ταῖς καλαῖς ὑμῖν ἐν τοῖς ὄμμασι φύεται. εἰ δὲ ἀπιστεῖς οἷς λέγω, τὸ κάτοπτρον λαβοῦσα ἴδε σου τὸ πρόσωπον ἠλλαγμένον· εὖγ' ὅτι ἐπεστράφης· ἢ γὰρ ἐμίσησας ἢ ἐφοβήθης ἢ οὐκ ἐγνώρισας ἢ μετενόησας.

(Olearius 55/ Kayser 25 / Hansmann 46)

30

[Μειρακίῳ]

Πέπεισαι μέν, ὡς εἰκάζω, τοῦ δὲ ἔργου τὴν αἰσχύνην ὀκνεῖς. εἶτα πρᾶγμα ἀποδιδράσκεις ἀφ' οὗ τις φίλος γίγνεται; οὐκ ἐντεῦθεν ἐπληρώθη καλῶν τὰ Ὁμήρου ἔπη τὸν Νιρέα, τὸν Ἀχιλλέα ἐς Τροίαν ἄγοντος; οὐκ ἐντεῦθεν Ἁρμόδιοι καὶ Ἀριστογείτονες ὅσοι φίλοι καὶ μέχρι τῶν ξιφῶν; ὁ δὲ Ἀπόλλων οὐκ Ἀδμήτῳ καὶ Βράγχῳ ἐθήτευσεν; ὁ δὲ Ζεὺς οὐ τὸν Γανυμήδην ἥρπασεν, ᾧ χαίρει

Hera[Z] hat nicht mehr ihre großen Augen, wenn sie Zeus[Z] grollt, und das Meer ist nicht mehr lieblich, wenn es aufgewühlt ist. Athene[Z] warf sogar die Flöten fort, weil diese ihr Gesicht entstellten. Auch nennen wir die Erinnyen[P] (Rachegottheiten) jetzt Eumeniden[P] (wohlwollende Gottheiten), da sie ihr finsteres und wildes Wesen abgelegt haben. Auch erfreuen wir uns an den Dornen der Rosen, weil sie, wenngleich sie von einem wilden Strauch stammen, der Schmerz zu verursachen und zu stechen versteht, in Rosenblüten lächeln. Eine Blüte ist aber auch die Sanftheit des Gesichts einer Frau. Sei also nicht rau und furchterregend, beraube Dich nicht der Schönheit, nimm Dir nicht die Rosen weg, die Euch Schönen in den Augen erblühen! Wenn Du aber dem nicht glauben willst, was ich sage, nimm den Spiegel und sieh Dein verändertes Gesicht an! Gut tust Du daran, dass Du Dich abwendest; Du würdest Dich ja verabscheuen, vor Dir selbst erschrecken oder Dich nicht erkennen – oder aber umdenken!

30

[An einen jungen Mann]

Du bist gewonnen, wie ich meine, aber Du scheust die Schande der Tat. Willst Du vor einem Akt davonlaufen, der Dir doch gerade einen zum Freund macht? Sind nicht darum die Gesänge Homers[L] reich an schönen Knaben, der einen Nireus[T], einen Achilleus[T] gegen Troja[S] ziehen lässt? Blieben nicht darum junge Männer wie Harmodios[H] und Aristogeiton[H] Freunde selbst bis zum Schwert? Hat nicht Apollon[Z] dem Admetos[Z] und dem Branchos[Z] als Knecht gedient? Hat Zeus[Z] nicht den Ganyme-

καὶ πρὸ τοῦ νέκταρος; μόνοι γὰρ ὑμεῖς οἱ καλοὶ καὶ τὸν οὐρανὸν οἰκεῖτε ὡς πόλιν. μὴ φθονήσῃς ἐραστοῦ σεαυτῷ δοῦναι μὲν ἀθανασίαν οὐκ ἔχοντος, τὴν δὲ αὑτοῦ ψυχὴν ἔχοντος. εἰ δὲ ἀπιστεῖς, ἕτοιμος ἀποθνήσκειν, ἂν ἐπιτάττῃς τοῦτο, νυνί. εἰ δὲ πλέκω τὸν βρόχον, ἀπάνθρωπε, οὐκ ἀφαιρήσεις;

(Olearius 56 / Kayser 57 / Hansmann 47)

31

[Γυναικί]

Κελεύεις μοι μὴ βλέπειν κἀγὼ σοὶ μὴ βλέπεσθαι. τίς τοῦτο κελεύει νομοθέτης, τίς δὲ καὶ ἐκεῖνο; εἰ δὲ μηδέτερον κεκώλυται, μήτε σεαυτὴν ἀφαιροῦ τῆς ἐς ἐπίδειξιν εὐδοκιμήσεως μήτε ἐμὲ τῆς ἐς τέρψιν ἐξουσίας. οὐδὲ πηγὴ λέγει, »μὴ πίῃς,« οὐδὲ ὀπώρα, »μὴ λάβῃς,« οὐδὲ λειμών, »μὴ προσέλθῃς.« ἕπου, γύναι, καὶ σὺ τοῖς νόμοις καὶ διψῶντα παῦσον ὁδοιπόρον, ὃν τὸ σὸν ἄστρον ἀπώλεσεν.

(Olearius 57 / Kayser 26 / Hansmann 48)

32

[Γυναικί]

Ὁ μοιχὸς καὶ πείσας σφαλερώτατον ἀνάλωμα καὶ ὀδυνηρὸν μὴ τυγχάνων, τῆς μὲν γὰρ εὐπραγίας κίνδυνος ὁ νόμος, τῆς δὲ λύπης μισθὸς ὁ ἔρως. φοβεῖσθαι δὲ ἄμεινον τυχόντα ὧν βούλεταί τις ἢ ἀνιᾶσθαι ἀμελούμενον.

(Olearius 60 / Kayser 31 / Hansmann 51)

des[z] geraubt, über den er sich mehr als über den Nektar freut? Ihr allein, Ihr Schönen, bewohnt den Himmel wie eine Stadt. Neide Dir nicht selbst, Dich einem Liebhaber zu geben, der zwar keine Unsterblichkeit hat, aber doch seine Seele. Wenn Du das nicht glaubst, so bin ich bereit zu sterben – wenn Du es befiehlst, jetzt gleich. Wenn ich den Strick schlinge, willst Du, Unmenschlicher, mich dann nicht herunterholen?

31

[An eine Frau]
Du befiehlst mir, nicht zu schauen, und ich Dir, Dich nicht anschauen zu lassen. Welcher Gesetzgeber befiehlt dieses, welcher jenes? Wenn aber keines von beiden wirklich verboten ist, dann beraube Dich doch nicht selbst des Beifalls für Deine Erscheinung und mich nicht der Möglichkeit des Vergnügens. Auch die Quelle sagt nicht »Trinke nicht!«, die Frucht nicht »Greif nicht zu!« und die Wiese ruft nicht: »Komm nicht näher!« Folge auch Du, Frau, diesen Gesetzen und lösche den Durst des Wanderers, den Dein Stern versengt hat.

32

[An eine Frau]
Der Ehebrecher zahlt, auch wenn er Erfolg hat, mit großer Gefahr, wenn nicht, mit Schmerzen. Hat er nämlich Erfolg, so ist die Gefahr das Gesetz, in der Enttäuschung aber ist der Lohn die (unerfüllte) Liebe. Es ist aber besser, Furcht zu haben, wenn man erreicht, was man will, als nichts zu erlangen und sich zu grämen!

33

[Γυναικὶ ὑπάνδρῳ]

Τὸ μὲν ἔργον ἕν, ἄν τε ἐπὶ ἀνδρὸς ἄν τε ἐπὶ μοιχοῦ γένηται. τὸ δὲ τῷ κινδύνῳ σφαλερώτερον τῇ χάριτι μεῖζον· οὐ γὰρ οὕτως τὸ φανερὸν εὐφραίνει τῆς ἐξουσίας ὡς τὸ ἀπόρρητον τῆς ἡδονῆς, πᾶν δὲ τερπνότερον τὸ κεκλεμμένον. οὕτω καὶ Ποσειδῶν ὑπῆλθε πορφύρῳ κύματι καὶ Ζεὺς χρυσῷ ὕδατι καὶ βοῒ καὶ δράκοντι καὶ ἄλλοις προκαλύμμασιν, ἀφ' ὧν Διόνυσος καὶ Ἀπόλλων καὶ Ἡρακλῆς οἱ ἐκ μοιχείας θεοί. λέγει δὲ Ὅμηρος καὶ τὴν Ἥραν ἰδεῖν αὐτὸν τότε ἡδέως ὅτε αὐτῇ συνῄει λάθρᾳ, τὴν γὰρ ἀνδρὸς ἐξουσίαν μετέθηκεν ἐς κλοπὴν μοιχείας.

(Olearius 58 / Kayser 30 / Hansmann 49)

34

[Μειρακίῳ]

Ὁ καλὸς ἂν μὲν ᾖ θηριώδης, πῦρ ἐστιν, ἂν δὲ ἥμερος, φῶς· μὴ καῖε οὖν, ἀλλὰ σῶζε, καὶ τὸν Ἐλέου βωμὸν ἐν τῇ ψυχῇ ἔχε ἀντιλαβὼν βέβαιον φίλον ὠκυμόρου δωρεᾶς καὶ φθάσας τὸν χρόνον, ὃς μόνος καταλύει τοὺς καλούς, ὥσπερ οἱ δημοτικοὶ τοὺς τυράννους. ὡς δέδοικά γε – ὃ φρονῶ γὰρ εἰρήσεται – μὴ μέλλοντός σου καὶ βραδύνοντος τὰ γένεια ἐπέλθῃ καὶ τὴν τοῦ προσώπου συσκιάσωσι χάριν, ὥσπερ εἴωθε τὸν ἥλιον κρύπτειν ἡ νεφῶν συνδρομή. τί δέδοικα

33

[An eine verheiratete Frau]
Die Tat ist ein und dieselbe, gleich ob sie vom Ehemann oder vom Ehebrecher getan wird! Was aber in der Gefahr riskanter ist, hat den größeren Reiz. Was an Vorrechten offen steht, wird nicht so vergnüglich sein wie das Verborgene der Lust, und gestohlenes (Obst) schmeckt eben immer angenehmer. So kam auch Poseidon[K] heimlich in purpurner Woge (zu Amomyne[K]), Zeus[Z] als goldener Regen (zu Danaë[Z]), als Stier (zu Europa[Z]), als Schlange (zu Persephone[K]) und in anderen Verkleidungen, und von da stammen ja auch Dionysos (Zagreus)[K], Apollon[Z] und Herakles[Z], die im Ehebruch gezeugten Götter. Es sagt aber Homer[L] (»Ilias« 14,153-351), sogar Hera[Z] sähe Zeus gerade dann gerne, wenn er heimlich mit ihr schlafe, denn das Vorrecht des Ehemanns verwandelte er so in den Raub des Ehebruchs.

34

[An einen jungen Mann]
Wenn der Schöne wild ist, dann ist er ein Feuer, wenn er zahm ist, ein Licht: Versenge mich also nicht, sondern rette mich, errichte den Altar des Eleos[P] (Erbarmens) in Deiner Seele, erwirb Dir einen beständigen Freund durch eine kurzfristige Gunst und komme der Zeit zuvor, die allein die Schönen zugrunde richtet, wie auch Demokraten die Tyrannen stürzen. Ich nämlich fürchte – was ich denke, soll ja gesagt werden –, dass Dir, während Du zögerst und trödelst, Dein Bart wachsen und die Anmut Deines Gesichts verdunkeln wird, so wie oft eine Anhäufung von Wolken die Sonne

ἅπερ ἔστιν ἤδη βλέπειν; ἕρπει μὲν ὁ ἴουλος, αἱ δὲ παρειαὶ χνοάζουσι, τὸ δὲ πρόσωπον ὅλον ἀνθεῖ. φεῦ· μέλλοντες ἐγηράσαμεν, σὺ μὲν θᾶττον εἰκάσαι μὴ θελήσας, ἐγὼ δὲ ὀκνήσας δεηθῆναι. πρὶν οὖν σου τὸ ἔαρ ἀπελθεῖν ὅλον καὶ χειμῶνα ἐπιστῆναι, δὸς αὐτὸ πρὸς Ἔρωτος, πρὸς τούτων τῶν γενείων ἃ δεῖ με αὔριον ὀμνύναι.

(Olearius 59 / Kayser 13 / Hansmann 50)

35

[Μειρακίῳ]

Ἐπαινῶ σε ἀντισοφιζόμενον τῷ χρόνῳ καὶ περικόπτοντα τὰ γένεια, ὃ γὰρ ἀπῆλθε φύσει, τοῦτο μένει τέχνῃ, ἡδίστη δὲ ἡ τῶν ἀπολλυμένων ἀνάκτησις, ὥστε, εἰ ἐμοὶ συμβουλεύοντι πείθοιο, τῇ μὲν κεφαλῇ κόμα καὶ μελέτω σοι τῶν βοστρύχων, ὡς τοὺς μὲν ταῖς παρειαῖς συγκαταβαίνειν ἠρέμα – καὶ ταῦτά σου τὰ γένειά τις ἀφαιρήσεται ῥᾳδίως ὅτε βούλεται – τοὺς δὲ τοῖς ὤμοις ἐπικαθῆσθαι, καθάπερ φησὶν Ὅμηρος τοὺς Εὐβοεῖς ὄπισθεν κομᾶν – κεφαλὴ γὰρ ἀνθοῦσα ἡδίων πολὺ τοῦ τῆς Ἀθηνᾶς φυτοῦ, εἴπερ γε δεῖ καὶ ταύτην τὴν ἀκρόπολιν μὴ ψιλὴν ὁρᾶσθαι μηδὲ ἀκόσμητον –, τὰ δὲ γένειά σοι ψιλὰ ἔστω καὶ μηδὲν ἐνοχλείτω τῷ φωτὶ τούτῳ, μήτε νεφέλη μήτε ἀχλύς. ὡς γὰρ οὐχ ἡδὺ θέαμα κεκλεισμένα ὄμματα, οὕτως οὐδὲ γένεια καλοῦ κομῶντα. εἴτε οὖν φαρμάκοις εἴτε μαχαίραις λεπταῖς εἴτε ἄκροις δακτύλοις εἴτε ῥύμμασι καὶ πόαις εἴτε ἄλλῃ τινὶ μηχανῇ, πρᾶττε

verbirgt. Was fürchte ich noch, was doch schon zu sehen ist? Es kommt der Flaum, die Wangen sprießen, das ganze Gesicht bedeckt sich. Weh! Wir sind im Zögern alt geworden: Du, weil Du nicht rascher meine Liebe erraten wolltest, ich, weil ich zu bitten zögerte. Bevor Dein Frühling ganz vergeht und der Winter herankommt, gib mir dies bei Eros[P], bei jenem Bart, bei dem ich schon morgen schwören muss!

35

[An einen jungen Mann]
Ich lobe Dich, dass Du die Zeit überlistest und Dir die Wangen rasierst. Was nämlich von Natur aus vergangen ist, bleibt nun mit Kunst bestehen. Das Süßeste ist das Wiederfinden des Verlorenen. Wenn Du also meinem Rat folgst, wirst Du Dein Haupthaar lang wachsen lassen und Dich um Deine Locken kümmern, sodass sie ein wenig auf Deine Wangen herabfallen – die kann ja, wer will, leicht von Deinen Wangen wegstreichen – und ein wenig auch auf Deinen Schultern ruhen. Homer[L] (»Ilias« 2,542 über die Abanten) sagt so auch von den Euboiern[S], ihr Haar walle ihnen hinten herab – ein wohlbehaartes Haupt ist viel lieblicher als der (Oliven-)Baum der Athene[Z], wenngleich man auch ihre Akropolis nicht kahl und schmucklos sehen möchte –; Deine Wangen aber sollen glatt sein, nichts soll dieses Licht behindern, weder Wolke noch Nebel. So wie ja geschlossene Augen kein angenehmer Anblick sind, so auch die behaarten Wangen eines Schönen. Ob nun mit Mittelchen, mit scharfen Messern, mit spitzen Fingern, mit Essenzen, mit Kräutern oder mit irgendeinem an-

σεαυτῷ τὸ κάλλος μακρότερον. οὕτως γὰρ ἔσῃ μιμούμενος τοὺς ἀγήρως θεούς.
(Olearius 61 / Kayser 58 / Hansmann 52)

36

[Γυναικί]
Ἐχθὲς συγκλείσας τὰ βλέφαρα ὅσον ἡσυχῇ σκαρδαμύξαι πολὺν ἡγούμην τὸν χρόνον· ἀμέλει τοῖς ὀφθαλμοῖς ὡς ἀνεράστοις ἐνεκάλουν· »τί δὴ αὐτῆς ἐπελάθεσθε; τί δὲ τὴν φρουρὰν ἐξελίπετε; ποῦ δέ ἐστι καὶ τί γέγονε; κἂν τοῦτο αὐτὸ μηνύσατε.« νομίσας δὲ ἀκούειν ἀπῆλθον ἔνθα σε ὄψεσθαι ᾠόμην καὶ τοῦτο ἐκεῖνο ἐζήτουν ὡς ἡρπαγμένην. τί οὖν μέλλω ποιεῖν ἐὰν ἐξελάσῃς ἐς ἀγρόν, ὡς πέρυσι, καὶ πολλῶν ἡμερῶν τὰς ἐν ἄστει διατριβὰς καταλίπῃς; ἡγοῦμαι ἀναγκαῖον σαφῶς ἀπολωλέναι μηδὲν ἔχοντα ἡδὺ μήτε ἀκούειν μήτε ὁρᾶν. ἐγὼ μὲν γὰρ ἕψεσθαί σοι νομίζω καὶ τὴν πόλιν ἐξιούσῃ καὶ αὐτοὺς τοὺς ἐν ἄστει θεοὺς ἑλκομένους ὑπὸ τῆς θέας. τί γὰρ ἐνταῦθα μόνοι ποιοῦσιν; εἰ δὲ κἀκεῖνοι κατὰ χώραν μενοῦσιν, ἀλλ’ ἔγωγε οὐκ ἀπολειφθήσομαι τοῦ Ἔρωτος ἐφόλκιον.

εἰ δὲ καὶ σκάπτειν δέοι, λήψομαι τὴν δίκελλαν· εἴτε κλᾶν, θεραπεύσω τὰς ἀμπέλους· εἴτε ἐπάγειν λαχάνοις ὕδωρ, ὁδοποιήσω τὸν δρόμον. τίς γὰρ οὕτω τυφλὸς ποταμὸς ὡς σὴν γῆν μὴ γεωργεῖν;

deren Mittel: Mache Dir auf jeden Fall die Dauer Deiner Schönheit länger! So nämlich wirst Du den alterslosen Göttern nacheifern!

36

[An eine Frau]
Gestern schloss ich meine Augenlider, soweit man für ein gemächliches Blinzeln braucht, doch schien mir die Zeit zu lang; ja, ich schimpfte meine Augen wegen ihrer Lieblosigkeit: »Wie konntet ihr sie vergessen? Wie konntet ihr nur Euren Posten verlassen! Wo ist sie und was ist geschehen? Das wenigstens zeigt mir an!« Ich glaubte, etwas zu hören, ging dorthin, wo ich Dich zu sehen meinte, und suchte dort genau danach, als hätte man Dich geraubt. Was werde ich nur tun, wenn Du auf das Land gehst, wie im vergangenen Jahr, und viele Tage den Aufenthalt in der Stadt unterbrichst? Ich glaube, es wird ganz offenbar unausweichlich sein, dass ich sterbe, wenn ich nichts Süßes mehr zu hören und zu sehen habe. Ich meine, dass Dir auch die ganze Stadt folgt, wenn Du weggehst, ebenso die Götter in der Stadt, die von Deinem Anblick fortgezogen werden. Was sollten sie denn dort alleine auch tun? Wenn jene auf dem Land bleiben, will ich jedenfalls nicht zurückgelassen sein, im Schlepptau des Eros[Z].

Wenn man (auf dem Land) wirklich umgraben muss, werde ich zur Hacke greifen, wenn man zurückschneiden muss, werde ich die Weinstöcke pflegen, wenn man dem Gemüse Wasser zuführen muss, werde ich den Lauf bahnen. Welcher Fluss wäre auch so blind, dass er Dein Land nicht

ἓν ἐξόμνυμαι τῶν ἐν ἀγροῖς εἰθισμένων, ἀμέλγειν γάλα· μόνων ἡδέως τῶν σῶν μαστῶν ἅπτομαι.
(Olearius 62 / Kayser 59 / Hansmann 53)

37

[Μειρακίῳ]
Τί μοι τὰ γένεια, ὦ παῖ, δεικνύεις; οὐ παύῃ κάλλους ἀλλ' ἄρχῃ, τὸ μὲν γὰρ ὀξὺ τῆς ὥρας παρελήλυθεν, ὅσον τι πτηνὸν καὶ ἄπιστον, καὶ καθάπερ πυρὸς ὁρμὴ σβέννυται, τὸ δὲ ἑδραῖον καὶ βέβαιον μένει. χρόνος δὲ οὐκ ἐλέγχει τοὺς ἀληθῶς καλούς, ἀλλὰ δεικνύει καὶ μαρτυρεῖ μᾶλλον αὐτοῖς ἢ φθονεῖ. τὸν δὲ ὑπηνήτην καὶ Ὅμηρος λέγει χαριέστατον ὁ ποιητὴς εἰδὼς κάλλος καὶ βλέπειν καὶ ποιεῖν· οὐκ ἂν δέ ποτε τοῦτο ἀπεφαίνετο εἰ μὴ πρῶτος αὐτὸς ἐρωμένου καὶ ἥψατο γενείων καὶ κατεφίλησε. πρὶν μὲν γὰρ ἀνθεῖν, οὐδὲν ἀπεῖχον γυναικὸς αἱ σαὶ παρειαὶ οὖσαι ἁπαλαὶ καὶ διαυγεῖς, ὅτε δὲ ἤδη χνοάζεις, ἀνδρικώτερος εἶ σεαυτοῦ καὶ τελεώτερος. ἀλλὰ τί; ἤθελες μηδὲ εὐνούχου διαφέρειν, οἷς τὰ γένεια ἄκαρπα καὶ σκληρὰ καὶ λιθίνοις ὅμοια; αἰσχύνονται γοῦν οἱ ἀλιτήριοι ταύτῃ τῇ τομῇ μᾶλλον ἢ ἐκείνῃ, τὴν μὲν ἀπόρρητον νομίζοντες τὴν δὲ σαφέστατον ἔλεγχον τῆς ὄψεως.
(Olearius 63 / Kayser 15 / Hansmann 54)

bestellen wollte? Einer nur von den üblichen Landarbeiten werde ich abschwören: dem Melken; nur Deine Brüste fasse ich gerne an!

37

[An einen jungen Mann]
Was zeigst Du mir Deinen Bartflaum, Du Kind? Beende nicht Deine Schönheit, sondern beginne sie! Die rasche Jugendblüte ist zwar vergangen, das Flüchtige und Unbeständige dahin, so wie die Feuerflamme verlischt; das Beständige und Dauernde aber bleibt. Die Zeit setzt nicht die wahrhaft Schönen herab, sondern bringt sie zur Geltung und zeugt eher für sie, als ihnen missgünstig zu sein. Den Bartgeschmückten nennt selbst Homer[L] (»Ilias« 24,348; »Odyssee« 10,279) den Reizendsten – der Dichter, der doch Schönheit zu sehen und zu beschreiben verstand. Er hätte ein solches Urteil nicht ausgesprochen, wenn er nicht zuvor selbst den Flaum seines Geliebten berührt und geküsst hätte. Bevor der Bart sprosste, unterschieden sich Deine Wangen in nichts von denen einer Frau; sie waren zart und glänzend. Jetzt, wo die Haare sprießen, bist Du männlicher als zuvor und vollkommener. Wie aber? Wolltest Du Dich nicht von den Eunuchen unterscheiden, denen das Kinn kahl, trocken und hart wie Stein ist? Es schämen sich ja diese Unglücklichen über diesen Mangel mehr als über jenen anderen. Den betrachten sie als einen verborgenen, diesen aber als einen völlig sichtbaren Makel ihrer Erscheinung.

38

[Γυναικὶ καπηλίδι]

Πάντα με αἱρεῖ τὰ σά, καὶ ὁ λινοῦς χιτών, ὡς ὁ τῆς Ἴσιδος, καὶ τὸ καπηλεῖον, ὡς Ἀφροδίσιον, καὶ τὰ ἐκπώματα, ὡς Ἥρας ὄμματα, καὶ ὁ οἶνος, ὡς ἄνθος, καὶ τῶν τριῶν δακτύλων αἱ συνθέσεις, ἐφ' ὧν ὀχεῖται τὸ ποτήριον, ὥσπερ αἱ τῶν φύλλων τῶν ἐν τοῖς ῥόδοις ἐκβολαί· κἀγὼ μὲν φοβοῦμαι μὴ πέσῃ, τὸ δὲ ἕστηκεν ὀχυρῶς, ὡς γνώμῃ ἐρηρεισμένον, καὶ τοῖς δακτύλοις συμπέφυκεν. εἰ δὲ καὶ ἀποπίοις ποτέ, πᾶν τὸ καταλειπόμενον γίγνεται θερμότερον τῷ ἄσθματι, ἥδιον δὲ τοῦ νέκταρος. κάτεισι γοῦν ἐπὶ τὴν φάρυγγα ἀκωλύτοις ὁδοῖς, ὥσπερ οὐκ οἴνῳ κεκραμένον ἀλλὰ φιλήμασιν.

(Olearius 23 / Kayser 60 / Hansmann 14)

39

[Τῇ αὐτῇ]

Ἐξ ὑέλου μὲν τὰ ἐκπώματα, αἱ δὲ σαὶ χεῖρες ἄργυρον αὐτὰ ποιοῦσι καὶ χρυσόν, ὡς καὶ τούτοις τὸ βλέπειν ὑγρῶς παρὰ τῶν σῶν ὀμμάτων εἶναι. ἀλλὰ τοῖς μὲν ἄψυχον καὶ ἀκίνητον τὸ διειδές, καθάπερ τῶν ὑδάτων τοῖς ἑστηκόσι, τὰ δὲ ἐν τοῖς προσώποις ἐκπώματα τῇ τε ἄλλῃ ὑγρότητι εὐφραίνειν ἔοικε καὶ τῇ συνέσει τῶν φιλημάτων. ὥστ' ἐκεῖνα μὲν κατάθου καὶ χαίρειν ἔα τά τε ἄλλα καὶ διὰ τὸν ἐν τῷ σφαλερῷ τῆς ὕλης φόβον, ἐμοὶ δὲ μόνοις πρόπινε τοῖς ὄμμασιν, ὧν καὶ ὁ Ζεὺς γευσάμενος καλὸν οἰνοχόον παρεστήσατο. εἰ δὲ βούλει, τὸν μὲν οἶνον μὴ παραπόλλυε, μόνου δὲ ἐμβαλοῦσα ὕδατος καὶ τοῖς χείλεσι προσφέρουσα πλήρου φιλημάτων τὸ ἔκπωμα καὶ

38

[An eine Wirtin]
Alles an Dir nimmt mich gefangen: Dein Leinengewand wie das der Isis[M], Dein Wirtshaus wie ein Aphrodite[Z]-Tempel, Deine Becher wie die Augen der Hera[Z], Dein Wein wie eine Blume, Deiner drei Finger Haltung, auf denen das Trinkgefäß getragen wird, wie die Knospen bei den Rosenblättern – ich fürchte zwar, dass er herabfällt, doch ruht er sicher, wie vom eigenen Wollen gestützt, zusammengewachsen mit den Fingern! Wenn Du aber gar einmal daraus trinkst, wird alles, was übrig bleibt, wärmer durch Deinen Atem und süßer als Nektar. Es gleitet ungehindert in die Kehle, als wäre es nicht mit Wein gemischt, sondern mit Küssen.

39

[An dieselbe]
Aus Glas sind zwar die Becher, Deine Hände aber machen sie zu Silber und Gold, sodass auch diesen der feuchte Blick Deiner Augen zukommt. Doch unbeseelt und unbewegt ist ihre Durchsichtigkeit, wie bei stehenden Gewässern, die Becher in Deinem Gesicht aber bezaubern durch ihre Feuchtigkeit und insbesondere durch ihr Verständnis für die Küsse. So stelle doch jene Becher ab und lass zu, ihnen Lebewohl zu sagen, besonders aus Angst um die Zerbrechlichkeit ihres Stoffs, und trinke mir allein mit den Augen zu: Als Zeus[Z] aus solchen gekostet hatte, berief er sich einen schönen Mundschenk (Ganymedes[Z]) zur Seite. Wenn Du willst, vergeude den Wein nicht, sondern mische nur Wasser hinein, führe den Becher an die

δίδου τοῖς δεομένοις. ἔστι γὰρ ἀνέραστος οὐδεὶς οὕτως ὡς ποθεῖν ἔτι τὴν Διονύσου χάριν μετὰ τὰς Ἀφροδίτης ἀμπέλους.

(Olearius 24 / Kayser 33 / Hansmann 15)

40

[Τῇ αὐτῇ]

Τὰ μὲν ὄμματά σου διαυγέστερα τῶν ἐκπωμάτων, ὡς δύνασθαι δι' αὐτῶν καὶ τὴν ψυχὴν ἰδεῖν, τὸ δὲ τῶν παρειῶν ἐρύθημα εὔχρουν ὑπὲρ αὐτὸν τὸν οἶνον, τὸ δὲ λινοῦν τοῦτο χιτώνιον ἀντιλάμπει ταῖς παρειαῖς, τὰ δὲ χείλη βέβαπται τῷ τῶν ῥόδων αἵματι, καί μοι δοκεῖς τὸ ὕδωρ φέρειν ὡς ἀπὸ πηγῶν τῶν ὀμμάτων καὶ διὰ τοῦτο εἶναι νυμφῶν μία. πόσους ἱστᾷς ἐπειγομένους; πόσους κατέχεις παρατρέχοντας; πόσους φθεγξαμένη καλεῖς; ἐγὼ πρῶτος, ἐπειδὰν ἴδω σε, διψῶ καὶ ἵσταμαι μὴ θέλων καὶ τὸ ἔκπωμα κατέχων· καὶ τὸ μὲν οὐ προσάγω τοῖς χείλεσι, σοῦ δ' οἶδα πίνων.

(Olearius 25 / Kayser 32 / Hansmann 16)

41

[Μειρακίῳ]

Οὐδὲ ὁ τοῦ Μενάνδρου Πολέμων καλὸν μειράκιον περιέκειρεν, ἀλλ' αἰχμαλώτου μὲν ἐρωμένης κατετόλμησεν ὀργισθείς, ἣν οὐδὲ αὐτὴν ἀποκείρας ἠνέσχετο – κλαίει γοῦν καταπεσὼν καὶ μεταγιγνώσκει τῷ φόνῳ τῶν τριχῶν –, ἐφήβου

Lippen, fülle ihn mit Küssen und reiche ihn denen, die darum bitten. Niemand ist so lieblos, dass er Gaben des (Weingottes) Dionysos[Z] verlangte, wenn er die Rebe der Aphrodite[Z] genossen hat.

40

[An dieselbe]
Deine Augen sind durchsichtiger als die Becher, sodass man durch sie hindurch bis in Deine Seele blicken kann. Das Rot Deiner Wangen ist lieblicher als selbst die Farbe des Weins, dieses Leinengewand ist Deiner Wangen Widerschein. Deine Lippen sind mit dem Blut der Rosen gefärbt, und Du scheinst mir Wasser wie von Quellen aus Deinen Augen zu kredenzen und deshalb eine der Nymphen[M] zu sein. Wie viele Eilige bringst Du zum Stehen? Wie viele Vorbeilaufende hältst Du fest? Wie viele rufst Du schweigend herbei? Mein Durst erwacht sogleich, wenn ich Dich sehe. Ich bin der erste, der, wenn ich Dich sehe, dürstet und, ohne es zu wollen, stehen bleibt; ich halte den Becher in Händen; ich bringe ihn aber nicht zu den Lippen, da ich weiß, dass Du es bist, von der ich trinke.

41

[An einen jungen Mann]
Nicht einmal Polemon[L] in der Komödie des Menandros[L] hat einen schönen jungen Mann geschoren! Er wagte dies aber im Zorn bei einer Kriegsgefangenen, die seine Geliebte war, doch als er sie geschoren hatte, war er darüber voll Reue – er fällt vor ihr nieder, weint und ist voll Reue über den Mord an den Haaren –, doch an einen Epheben

δὲ ἄρα ἐφείσατο καὶ τὸ δρᾶμα, σὺ δὲ οὐκ οἶδα τί παθὼν σεαυτῷ πεπολέμηκας, ὦ ἀνδροφόνε τῆς κεφαλῆς. τί ἔδει μαχαιρῶν ἐπὶ τὰς τρίχας; τί δὲ ἑκουσίων καὶ πολλῶν τραυμάτων; οἷον θέρος ἐξέκοψας.

οὐδὲ οἱ ποιηταί σε ἐπαίδευσαν τοὺς Εὐφόρβους καὶ τοὺς Μενελάους εἰσάγοντες κομῶντας καὶ ὅλον τὸ τῶν Ἀχαιῶν στρατόπεδον; καὶ εἴ τις αὐτοῖς καλὸς ποταμῶν, κομᾷ, ὡς γὰρ χρυσὸς ἀνάθημα καὶ ἄργυρος, οὕτως καὶ τρίχες. κομῶσιν οἱ μὲν βάρβαροι ὅπλοις, οἱ δὲ Ἕλληνες κράνεσιν, οἱ δὲ ὀφθαλμοὶ βλεφάροις, αἱ δὲ νῆες ἱστίοις, ἡ δὲ γῆ ὄρεσι, τὰ δὲ ὄρη νάπαις, ἡ δὲ θάλασσα νήσοις, οἱ δὲ ταῦροι κέρασιν, οἱ δὲ ποταμοὶ τέμπεσιν, αἱ πόλεις τείχεσιν. φοβερώτερος δὲ λέων ὁ λάσιος καὶ ἵππος ὁ ἤδη τῇ χαίτῃ πεπιστευκὼς καὶ ἀλεκτρυὼν μαχιμώτερος ὁ τὰ κάλλαια ἐγηγερκώς. τιμῶσι δὲ οἱ σοφοὶ τῶν ἀστέρων τοὺς κομήτας καὶ τῶν ἱερέων τοὺς ἀνέτους ταῖς κόμαις καὶ τῶν θεῶν ἄλλον ἄλλως, τὸν Ποσειδῶνα ὡς κυανοχαίτην, τὸν Ἀπόλλωνα ὡς ἀκειρεκόμην, τὸν Πᾶνα ὡς δασύν, τὴν Ἶσιν ὡς λυσίκομον, τὸν Διόνυσον ὡς μετὰ τῶν τριχῶν καὶ τῷ κιττῷ κομῶντα, Ἀφροδίτη δὲ οὐδὲ πενθοῦσα ἀπεκείρατο. ἤκουσά γε μὴν ἀνδρὸς σοφοῦ καὶ τὰς ἀκτῖνας λέγοντος κόμας Ἡλίου, καὶ τὸν Δία σεμνότερον τῶν ἄλλων θεῶν ὅτι τὴν κόμην σείει,

(jungen Mann) hat sich das Drama nicht gewagt. Du aber – ich weiß nicht, was Dir geschehen ist –, Du bist gegen Dich selbst in den Krieg gezogen, Du Mörder an Deinem Haupt! Was musstest Du das Messer führen gegen Deine Haare? Wozu diese vielen freiwilligen Wunden? Welche Ernte hast Du abgemäht!

Haben Dich die Dichter (wie Homer, »Ilias« 17,51–52) nichts gelehrt, die Gestalten mit langen Haaren wie Euphorbos[T] und Menelaos[T] eingeführt haben, ja alle im Lager der Achaier[S]? Und wenn für sie ein Flussgott schön ist, trägt er langes Haar; wie ein goldenes und silbernes Weihegeschenk, so sind ja auch die Haare! Es schmücken sich die Barbaren mit Waffen, die Griechen mit Helmen, die Augen mit Lidern, die Schiffe mit Segeln, die Erde mit Bergen, die Berge mit Waldungen, das Meer mit Inseln, die Stiere mit Hörnern, die Flüsse mit Tälern und die Städte mit Mauern. Furchterregender ist der Löwe, wenn er zottig ist, auch das Pferd, das sich schon seiner Mähne bewusst ist; kampfbereiter ist der Hahn, der seinen Kamm aufrichtet. Es ehren die Weisen unter den Sternen die »Haarsterne« (die Kometen mit ihrem Schweif), unter den Priestern jene mit wallendem Haar, von den Göttern jeden auf seine Weise: Poseidon[K] als den dunkelgelockten, Apollon[Z] als den langlockigen, Pan[M] als den zottigen, Isis[M] als die Göttin mit wehenden Locken, Dionysos[Z] als den mit Efeu im Haar bekränzten Gott. Aphrodite[Z] aber schnitt nicht einmal in der Trauer ihr Haar ab. Ja, ich habe gehört, ein weiser Mann habe die Strahlen des Helios[K] (der Sonne) Haare genannt und gesagt, Zeus[Z] sei deshalb erhabener als die anderen Götter, weil er sein Haupt-

κἂν ἐπινεύσῃ, οὐ ψεύδεται, ὁ δὲ Ἑρμῆς κομᾷ τῷ κροτάφῳ καὶ τοῖς σφυροῖς. τότε ἀποκείρεται καὶ πόλις ὅτε ἁλίσκεται, καὶ γυνὴ τότε ἀφίησι τῆς κεφαλῆς τὸ κάλλος ὅτε πενθεῖ, καὶ γῆς λιμὸς ὅτε μὴ κομᾷ. ἀλλὰ δένδρον μὲν πεσὸν κλᾴεται καὶ ποιητὴς μεγαλόφωνος πολλὰ ἐπ’ αὐτῷ λέγει, σὺ δὲ φύλλα τοσαῦτα ἐκτεμὼν οὐ δακρύεις. φέρε εἴπω σου τὸν ἐπιτάφιον τῆς κόμης· ὦ κάλλους ἀκρόπολις, Ἔρωτος ἄλσος, ὦ ἄστρα κεφαλῆς.

(Olearius 26 / Kayser 16 / Hansmann 17)

42

[Γυναικί]

Τίς σε, ὦ καλή, περιέκειρεν; ὡς ἀνόητος καὶ βάρβαρος ὁ μὴ φεισάμενος τῶν Ἀφροδίτης δώρων· οὐδὲ γὰρ γῆ κομῶσα ἡδὺ οὕτω θέαμα ὡς γυνὴ κατάκομος. φεῦ ἀναιδοῦς παλάμης. ὄντως πάντα τὰ ἐκ πολεμίων πέπονθας· ἐγὼ δὲ οὐκ ἂν οὐδὲ αἰχμάλωτον περιέκειρα τιμῶν τὸ κάλλος ὡς οὐχ ἡδέως ἀμελούμενον. ἀλλ’ ἐπεὶ τετέλεσται τὰ δεινά, κἂν μήνυσον τὰς κόμας ποῦ κεῖνται, ποῦ τέτμηνται, πῶς αὐτὰς ὑποσπόνδους λάβω, πῶς φιλήσω χαμαὶ κειμένας. ὦ πτερὰ Ἔρωτος, ὦ κεφαλῆς ἀκροθίνια, ὦ κάλλους λείψανα.

(Olearius 64 / Kayser 61 / Hansmann 55)

haar schüttle und nicht betrüge, wenn er Gewährung zunicke. Auch Hermes[Z] ist an den Schläfen und an den Knöcheln behaart. Nur dann wird eine Stadt geschoren, wenn sie erobert wird, und eine Frau lässt sich die Schönheit ihres Haares nur abschneiden, wenn sie trauert. Hungersnot entsteht, wenn die Erde keine Haare mehr hat. Über einen gefallenen Baum erhebt man Klage, und ein laut tönender Dichter spricht viel davon. Du aber hast alle diese Blätter abgeschnitten und weinst nicht einmal! Auf, ich spreche den Nachruf auf das Haar: O Akropolis der Schönheit, Hain des Eros[P], o Sterne des Hauptes!

42

[An eine Frau]
Wer hat Dir, Du Schöne, die Haare abgeschnitten? Was für ein Unverständiger und Barbar, der die Gaben der Aphrodite[Z] nicht schonte; ja selbst die Erde im Haarschmuck (der Blüten) bietet keinen so süßen Anblick wie eine Frau mit langem Haar. Weh, welche schamlose Hand! Wahrlich hast Du alles erlitten, was von Feinden (zu erwarten ist); ich hätte nicht einmal einer Kriegsgefangenen das Haar geschoren aus Ehrfurcht vor ihrer Schönheit, die man ja nicht gerne missachtet. Da nun aber die schreckliche Tat vollbracht worden ist, offenbare mir, wo die Haare liegen, wo sie abgeschnitten sind, wie ich sie im Waffenstillstand zurückerhalte, wie ich sie küssen kann, wenn sie auf dem Boden liegen. O Ihr Flügel des Eros[P], o erstes Opfer des Hauptes, o Reliquien der Schönheit!

43

[Γυναικί]
Οὐκ οἶδα τί σου μᾶλλον ἐπαινέσω. τὴν κεφαλήν; ἀλλὰ ὢ τῶν ὀμμάτων. τοὺς ὀφθαλμούς; ἀλλ’ ὢ τῶν παρειῶν. τὰς παρειάς; ἀλλὰ τὰ χείλη με ἐπάγεται καὶ δεινῶς κᾴεται κεκλεισμένα μὲν δι’ εὐκοσμίαν, ἀνεῳχθέντα δὲ δι’ εὐωδίαν. εἰ δὲ καὶ ἀποδύσῃ, ἀστράπτειν τὰ ἔνδον οἶμαι. Φειδία καὶ Λύσιππε καὶ Πολύκλειτε, ὡς ταχέως ἐπαύσασθε· οὐ γὰρ ἂν πρὸ τούτου τι ἄγαλμα ἄλλο ἐποιήσατε. εὖ μὲν ἔχεις τῆς χειρὸς ἐξόχως, εὖ δὲ τῆς τῶν στέρνων εὐρύτητος, εὖ δὲ τοῦ περὶ τὴν γαστέρα ῥυθμοῦ. τὰ δὲ ἄλλα οὐκ οἶδα πῶς εἴπω. μάχεται τὸ κάλλος καὶ τοῦ Πριαμίδου δικαστοῦ. φεῦ, γένωμαι τίς; ταῦτ’ ἐπαινέσω; καὶ μὴν ἐκεῖνα ἀμείνονα. ἐκείνοις δῶ τὴν κρίσιν; καὶ μὴν ἀνθέλκει με ταῦτα. ἐπίτρεψον ἅψασθαι καὶ ἀποφαίνομαι.

(Olearius 65 / Kayser 34 / Hansmann 55)

44

[Τῇ αὐτῇ]
Ὅτε δὲ ἔκρινε τὰς θεὰς ὁ Ἀλέξανδρος, οὔπω παρῆν ἡ ἐκ Λακεδαίμονος· εἰ δ’ οὖν, μόνην ἂν καλὴν ἀπεφήνατο ἣν αὐτὸς ἐβούλετο. ὅπερ οὖν ἐκείνῳ τότε πρὸς τὴν κρίσιν ἐλλιπῶς ἔσχεν, ἐμοὶ νῦν ἐπανορθωθήσεται. μὴ κάμνετε, ὦ θεαί, μηδὲ ἐρίζετε· ἔχω γάρ, ἰδού, τὸ μῆλον. λάβε, ὦ καλή, καὶ νίκα τὰς θεάς, καὶ ἀνάγνωθι τὰ γράμματα. τά τε ἄλλα καὶ ἐπιστολῇ τῷ μήλῳ

43

[An eine Frau]
Ich weiß nicht, was ich an Dir mehr loben soll. Das Haupt? Aber: O diese Augen! Die Augen? Aber: O diese Wangen! Die Wangen? Aber Deine Lippen ziehen mich an, sie entflammen mich gewaltig, geschlossen durch die Sittsamkeit, geöffnet wegen des Wohlgeruchs. Wenn Du Dich ausziehst, meine ich, dass innen Blitze leuchten. O Pheidias[L], Lysippos[L] und Polykleitos[L], wie habt Ihr doch zu früh aufgehört: Keine andere Statue hättet Ihr geschaffen als diese! Ausnehmend gut hält sich diese Hand, schön ist die Breite der Brüste, schön des Leibes Rhythmus. Wie ich über das andere sprechen soll, weiß ich nicht: Die Schönheit ist ja umstritten, selbst wenn des Priamos[T] Sohn (Paris[T]) zu Gericht säße! Weh, was wird aus mir? Soll ich das hier preisen? Nein, jenes dort ist besser! Gebe ich jenem den Preis? Aber schon verlockt mich dieses! Erlaube mir, es zu berühren und ich will mich entscheiden.

44

[An dieselbe]
Als Alexandros (Paris[T]) sein Urteil über die Göttinnen fällte, war Helena[T], die Frau aus Lakedaimon[S], noch nicht zugegen; wäre sie dort gewesen, hätte er wohl nur sie für schön erklärt, die er selbst haben wollte. Was er damals bei seinem Urteil versäumte, will ich jetzt wieder in Ordnung bringen: Gebt Euch keine Mühe, Ihr Göttinnen, streitet Euch nicht! Ich habe – seht her – den Apfel! Nimm Du ihn, Du Schöne, besiege die Göttinnen und lies die Aufschrift! Auch als Brief nutze ich diesen Ap-

κέχρημαι. ἐκεῖνο Ἔριδος, τοῦτο Ἔρωτος· ἐκεῖνο ἐσιώπα, τοῦτο φθέγγεται. μὴ ῥίψῃς, μὴ φάγῃς· οὐδὲ ἐν πολέμῳ πρεσβευτὴς παρανομεῖται. τί οὖν ἐπέσταλκα; αὐτὸ ἐρεῖ· »Εὐίππη, φιλῶ σε.« ὑπόγραψον ἀναγνοῦσα »Κἀγὼ σέ.« δέχεται τὸ μῆλον καὶ ταῦτα τὰ γράμματα.

(Olearius 66 / Kayser 62 / Hansmann 57)

45

[Μειρακίῳ]

Χαῖρε κἂν μὴ θέλῃς, χαῖρε κἂν μὴ γράφῃς, ἄλλοις καλέ, ἐμοὶ δὲ ὑπερήφανε. οὐκ ἦσθα συγκείμενος ἐκ σαρκὸς καὶ τῶν ὅσα τούτῳ κίρναται, ἀλλὰ ἐξ ἀδάμαντος καὶ πέτρας καὶ Στυγός. ταχέως σε θεασαίμην γενειῶντα καὶ παρὰ ἀλλοτρίαις θύραις καθήμενον. ναὶ Ἔρως, ναὶ Νέμεσις ὀξεῖς θεοὶ καὶ στρεφόμενοι.

(Olearius 19 / Kayser 14 / Hansmann 10)

46

[Γυναικί]

Ἡ Δανάη χρυσὸν ἐλάμβανεν, ἡ Λήδα ὄρνιθας, ἡ Εὐρώπη τὰ ἐξ ἀγέλης, ἡ Ἀντιόπη ὅσα ὄρεια, ἡ Ἀμυμώνη ὅσα θαλάττια· οἱ δὲ ποιηταὶ τὰ δῶρα μύθους ἐποίησαν παράγοντες τὴν ἀλήθειαν ψυχ-αγωγίᾳ ψευσμάτων.

fel! Jener war der (Zankapfel) der Eris[P], dieser ist einer des Eros[P]. Jener schwieg, dieser spricht. Wirf ihn nicht weg, iss ihn nicht auf; nicht einmal im Krieg wird ein Gesandter widerrechtlich behandelt. Was also ist meine Botschaft? Er selbst wird es Dir sagen: »Euhippe[E], ich liebe Dich!« Lies es und schreibe darunter: »Und ich Dich!« Der Apfel hat Platz auch für diese Buchstaben.

45

[An einen jungen Mann]
Sei mir gegrüßt, auch wenn Du es nicht willst, sei mir gegrüßt, auch wenn Du mir nicht schreibst, Du, der Du für andere schön, für mich aber spröde bist! Du bist nicht aus Fleisch und was sonst mit ihm vermischt ist, Du bist aus Stahl und Stein und Styx[F]! Würde ich Dich doch bald mit einem Bart sehen, vor fremden Türen (als Bettler) hockend! Ja, Eros[P], ja, Nemesis[P] sind eilige Gottheiten und unbeständig.

46

[An eine Frau]
Danaë[Z] empfing (Zeus als) Gold(regen), Leda[Z] Vögel (Zeus als Schwan), Europa[Z] ein Tier aus der Herde (Zeus als Stier), Antiope[Z], was die Gebirge(Zeus als Berg-Satyr), und Amymone[K], was die Meere (Poseidon[K]) boten. Die Dichter aber haben diese Gaben zu Mythen gemacht, indem sie die Wahrheit durch den verführerischen Reiz ihrer Lügen verfälschten.

λάβε, λάβε καὶ σὺ τὸν ἀκκισμὸν ἀφελοῦσα τοῦ μεγαλογνώμονος καὶ τὴν εἰρωνείαν ἀφεῖσα τοῦ σώφρονος, ἵνα κἀγὼ Ζεὺς γένωμαι καὶ Ποσειδῶν, διδοὺς μὲν ἃ θέλεις, ἃ δὲ θέλω λαμβάνων.

(Olearius 20 / Kayser 35 / Hansmann 11)

47

[Γυναικί]

Μὴ ὑποδήσῃ ποτέ, μηδὲ κρύψῃς τὰ σφυρὰ ἐψευσμένοις καὶ δολεροῖς δέρμασιν, ὧν ἀπατηλὸν τὸ κάλλος ἐν τῇ βαφῇ. εἰ μέν γε λευκὸν φοροίης, συγχεῖς τὴν τῶν ποδῶν λευκότητα, τὸ γὰρ ὅμοιον ἐν τῷ ὁμοίῳ οὐ φαίνεται, εἰ δὲ ὑακίνθινον, τῷ μέλανι λυπεῖς, εἰ δὲ φοινικοβαφές, φοβεῖς, ὡς ῥέοντος ἐκεῖθέν ποθεν αἵματος.

εἴθε σου καὶ τἆλλα πάντα ἐφαίνετο, καὶ πολὺ κρείττων ἂν ἦς, ἐμπίπτουσα ὅλη ταῖς τῶν ὁρώντων θήραις. ἀλλὰ τῶν μὲν ἄλλων μερῶν ποιοῦ τινα, εἰ θέλεις, φειδὼ καὶ μὴ τῆς σκέπης αὐτοῖς φθόνει μήτε περιβλημάτων τῶν ἀναγκαίων, τοὺς δὲ πόδας κατάλειπε γυμνοὺς ὡς δειρήν, ὡς παρειάς, ὡς κόμας, ὡς καὶ ῥῖνα καὶ ὄμματα· ὅπου μὲν γάρ τι ἡμαρτήθη τῇ φύσει, σοφισμάτων δεῖ πρὸς τὴν βλάβην, ἵνα κρύψῃ τὸ ἐλλιπὲς ἡ τέχνη, ὅπου δὲ ἀρκεῖ τὸ κάλλος εἰς ἐπίδειξιν οἰκείαν, περιττὰ τὰ φάρμακα.

θάρσησον σεαυτῇ καὶ πίστευσον τοῖς ποσί· τούτων φείσεται καὶ πῦρ, τούτων καὶ θάλαττα, κἂν ποταμὸν θελῃς περᾶσαι, στήσεται, κἂν

Nimm, nimm auch Du, lasse ab von der vorgetäuschten Sittsamkeit hoher Sinnesart, lege ab die gespielte Züchtigkeit, damit auch ich Dein Zeus[Z] und Dein Poseidon[K] werde, der Dir gibt, was Du willst, und empfängt, was ich will.

47

[An eine Frau]
Ziehe niemals Schuhe an und verbirg Deine Knöchel nicht in falschen und trügerischen Häuten, deren unechte Schönheit in der Färbung besteht. Würdest Du Weiß tragen, so würdest Du das Weiß Deiner Füße verdunkeln, denn Gleiches wird im Gleichen nicht sichtbar; würdest Du Hyazinthenfarbe tragen, so würdest Du das Auge mit dem Schwarz betrüben; würdest Du Purpurfarbe tragen, so würdest Du Furcht erregen, dass dort Blut hervorquillt.

Wäre doch an Dir auch alles Andere sichtbar, dann wärest Du noch viel schöner und erlägest ganz der Jagd der Betrachter. Doch nimm Rücksicht auf die anderen Teile, wenn Du es so willst, und verweigere ihnen nicht Bedeckung und notwendige Hüllen. Die Füße aber lasse nackt wie den Nacken, wie die Wangen, wie die Haare, wie Nase und Augen! Wo nämlich die Natur Fehler gemacht hat, bedarf es kluger Mittel gegen den Fehler, damit die Kunst den Mangel verdecke. Wo aber die Schönheit selbst genügend zu Tage tritt, sind Mittelchen überflüssig.

Verlasse Dich auf Dich selbst und vertraue den Füßen: Sie wird sogar das Feuer schonen, sie auch das Meer, und wenn Du einen Fluss überqueren

κρημνοὺς ὑπερβῆναι, λειμῶνας δόξεις πατεῖν. οὕτως καὶ τὴν Θέτιν ἀργυρόπεζαν εἶπεν ὁ πάσας ἀκριβῶς εἰδὼς τὰς κάλλους ὑπεροχάς, οὕτως καὶ τὴν Ἀφροδίτην γράφουσιν οἱ ζωγράφοι τὴν ἀνασχοῦσαν ἐκ τῆς θαλάττης, οὕτω καὶ τὰς Λευκιππίδας.

ἑτοίμους ἔχε τοὺς πόδας τοῖς βουλομένοις φιλεῖν καὶ μηδὲ χρυσοῦ δέου. μισῶ τὰς πέδας ὧν ἡ πολυτέλεια τιμωρία· διαφέρει δὲ τί χρυσῷ τινα ἢ σιδήρῳ δεδέσθαι; πλὴν εἰ μὴ τούτου ἐκεῖνο καὶ κάλλιον ὅτι μετ' εὐφροσύνης ἀνιᾷ. μὴ βασάνιζε, ὦ καλή, τὼ πόδε, μηδὲ κρύπτε οὐδὲν ἔχοντας τοῦ λαθεῖν ἄξιον, ἀλλὰ βάδιζε μαλακῶς καὶ κατάλειπε σεαυτῆς ἴχνος, ὡς μέλλουσά τι καὶ τῇ γῇ χαρίζεσθαι.

(Olearius 67 / Kayser 36 / Hansmann 58)

48

[Τῇ αὐτῇ]

Ὁ Μῶμος τῶν μὲν ἄλλων οὐδὲν ἔφη τῆς Ἀφροδίτης αἰτιάσασθαι, τί γὰρ ἂν καὶ ἐμέμψατο; ἓν δὲ μόνον δυσχεραίνειν ἔφη, ὅτι τρύζοι αὐτῆς τὸ ὑπόδημα καὶ λίαν εἴη λάλον καὶ τῷ ψόφῳ ὀχληρόν. εἰ δὲ ἀνυπόδητος ἐβάδιζεν, ὥσπερ ἀνέσχεν ἐκ τῆς θαλάττης, οὐκ ἄν ποτε εὐπόρησε σκωμμάτων οὐδὲ κωμῳδίας ὁ ἀλιτήριος, καί μοι δοκεῖ μηδὲ μοιχευομένη διὰ τοῦτο μόνον λαθεῖν, ὅτι πάντα ὁ Ἥφαιστος ἔγνω τὰ κεκρυμμένα, τοῦ σανδαλίου διαβάλ-

willst, wird er stehen bleiben, und wenn Du Abgründe überschreiten willst, wirst Du meinen, auf Wiesen zu laufen. So nannte auch der (Dichter) die Thetis[T] »silberfüßig«, der alle Herrlichkeiten der Schönheit genau kennt (etwa Homer[L], »Ilias« 1,538); ebenso stellen die Maler Aphrodite[Z] dar, die aus dem Meere aufsteigt, ebenso auch die Töchter des Leukippos[Z].

Halte Deine Füße bereit für diejenigen, die sie küssen wollen, und schnüre sie nicht zu, auch nicht mit Gold! Ich hasse diese Fesseln, deren Reichtum eine Strafe ist; was ist denn der Unterschied, ob man mit Gold oder mit Eisen gefesselt wird? Es sei denn, jenes wäre schöner, weil es heiterer weh tut. Quäle Deine Füße nicht, Du Schöne, verbirg sie nicht, die doch nichts haben, was versteckt werden müsste, sondern schreite sanft einher und hinterlasse die Spur Deines Fußes, sodass Du auch der Erde einen Gefallen erweist.

48

[An dieselbe]

Momos[P] (der personifizierte Tadel) sagte, er habe an Aphrodite[Z] nichts zu tadeln; was sollte er auch an ihr aussetzen? Eines aber, sagte er, nehme er aber doch übel, nämlich dass ihr Schuh knarre und allzu geschwätzig und dem Ohr durch sein Geräusch lästig sei. Wäre sie freilich so barfuß gelaufen, wie sie aus dem Meer gestiegen war, hätte er keinen guten Weg für seinen Spott und Hohn gefunden, der Schurke; ja, mir scheint sogar, dass ihr Ehebruch nur deshalb nicht verborgen blieb, weil Hephaistos[Z] das Geheimnis dadurch erfuhr,

λοντος. ταῦτα μὲν ἡμῖν ὁ μῦθος, σὺ δὲ καὶ τῆς Ἀφροδίτης ἔοικας βουλεύεσθαι ἄμεινον χρωμένη τοῖς ποσὶν ὡς ἐτάχθησαν καὶ φεύγουσα τοῦ Μώμου τὰ ἐγκλήματα. ὦ ἄδετοι πόδες, ὦ κάλλος ἐλεύθερον, ὦ τρισευδαίμων ἐγὼ καὶ μακάριος, ἐὰν πατήσητέ με.

(Olearius 21 / Kayser 37 / Hansmann 12)

49

[Μειρακίῳ ἀνυποδέτῳ]

Μαλακώτερον διετέθης ὑπὸ τοῦ σανδαλίου θλιβείς, ὡς πέπεισμαι, δειναὶ γὰρ δακεῖν σάρκας ἁπαλὰς αἱ τῶν δερμάτων καινότητες. διὰ τοῦτο ὁ Ἀσκληπιὸς τὰ μὲν ἐκ πολέμου καὶ θήρας τραύματα καὶ πάσης τῆς τοιαύτης τύχης ἰᾶται ῥᾳδίως, ταῦτα δὲ ἐᾷ διὰ τὸ ἑκούσιον, ὡς ἀνοίᾳ μᾶλλον ἢ ἐπηρείᾳ δαίμονος γενόμενα. τί οὖν οὐκ ἀνυπόδητος βαδίζεις; τί δὲ τῇ γῇ φθονεῖς; βλαυτία καὶ σανδάλια καὶ κρηπῖδες καὶ πέδιλα νοσούντων εἰσὶ φορήματα ἢ γερόντων. τὸν γοῦν Φιλοκτήτην ἐν τούτοις γράφουσι τοῖς ἐρύμασιν ὡς χωλὸν καὶ νοσοῦντα, τὸν δὲ ἐκ Σινώπης φιλόσοφον καὶ τὸν Θηβαῖον Κράτητα καὶ τὸν Αἴαντα καὶ τὸν Ἀχιλλέα ἀνυποδέτους καὶ τὸν Ἰάσονα ἐξ ἡμισείας· λέγεται γὰρ ὡς τὸν Ἄναυρον διαβαίνοντος αὐτοῦ τὸν ποταμὸν ἐνεσχέθη ἡ κρηπὶς τῷ ῥεύματι ἐς ἀντίληψιν τῆς ἰλύος γενομένης καὶ ὁ Ἰάσων οὕτως ἠλευθέρωτο τῶν ποδῶν τὸν ἕτερον τύχῃ τὸ δέον διδαχθείς, οὐ γνώμῃ ἑλόμενος, καὶ ἀπῄει καλῶς σεσυλημένος.

μηδὲν ἤτω σοι μεταξὺ τῆς γῆς καὶ τοῦ ποδός. μὴ φοβηθῇς· δέξεται τὴν βάσιν ἡ κόνις ὡς πόαν,

dass die Sandale es verriet. Dies sagt uns der Mythos, Du aber scheinst Dir besser als Aphrodite[Z] Rat zu wissen, indem Du Deine Füße so nutzt, wie sie geschaffen wurden, und so den Vorwürfen des Momos entgehst. O Ihr ungefesselten Füße, o freie Schönheit, o dreimal glücklich und selig ich, wenn Ihr über mich hinweggeht!

49

[An einen jungen Mann ohne Schuhe]

Du bist ein wenig angegriffen, von der Sandale wundgerieben, wie ich überzeugt bin. Frisches Leder ist ja besonders gewaltig, in zartes Fleisch einzuschneiden. Darum heilt Asklepios[Z] auch leicht Wunden, die im Krieg, bei der Jagd und bei allen solchen Unfällen entstanden sind, lässt aber die (unbeachtet), die freiwillig eher durch Unachtsamkeit als durch die Missgunst einer Gottheit entstanden sind. Warum läufst Du also nicht ohne Schuhe herum? Was neidest Du der Erde? Pantoffeln, Sandalen, Schuhe und Stiefel sind Sachen von Kranken und Alten! Den Philoktetes[A] malt man mit solchen schützenden Kleidungsstücken als lahmen und kranken Mann, den Philosophen aus Sinope[S] (Diogenes[D]), Krates[D] aus Theben[S], und Aias[T] und Achilleus[T] malt man ohne Schuhe, Iason[A] mit nur einem; man sagt ja, von ihm habe, als er den Fluss Anauros[F] durchwatete, die Strömung einen Schuh behalten, der im Schlamm steckenblieb; so verlor Iason den einen seiner Schuhe, durch einen Zufall über das belehrt, was sein soll, nicht aus eigener Einsicht entschieden, und zog davon, schön beraubt.

Lasse auch Du nichts zwischen die Erde und den Fuß kommen! Fürchte Dich nicht: Aufnehmen wird der Staub Deinen Fußtritt wie Gras, und wir

καὶ τὸ ἴχνος προσκυνήσομεν πάντες. ὦ ῥυθμοὶ ποδῶν φιλτάτων, ὦ καινὰ ἄνθη, ὦ γῆς φυτά, ὦ φίλημα ἐρριμμένον.

(Olearius 22 / Kayser 18 / Hansmann 13)

50

[Γυναικὶ πόρνῃ]

Ὃ τοῖς ἄλλοις ἐπίρρητον δοκεῖ καὶ μέμψεως ἄξιον, ὅτι ἀναίσχυντος εἶ καὶ θρασεῖα καὶ εὔκολος, τοῦτο μάλιστα ἐγώ σου φιλῶ. καὶ γὰρ τῶν ἵππων θαυμάζομεν τοὺς αὑτῶν συνιέντας καὶ λεόντων τοὺς φρονήματι χρωμένους καὶ ὀρνίθων τοὺς μὴ νεύοντας κάτω. οὐδὲν οὖν οὐδὲ σὺ καινὸν ποιεῖς, εἰ γυνὴ οὖσα πολλῶν ὥρᾳ κρατοῦσα ὑψηλόν τε ὁρᾷς καὶ μετέωρος βαδίζεις, εἴπερ τις ἐστὶ καὶ κάλλους ἀκρόπολις πολὺ κρείττων τῶν βασιλέων, εἵ γε ὑμᾶς μὲν φιλοῦμεν ἐκείνους δὲ φοβούμεθα. μισθώματα λαμβάνεις· καὶ γὰρ ἡ Δανάη χρυσόν. καὶ στεφάνους δέχῃ· τοῦτο μὲν καὶ ἡ Ἄρτεμις ἡ παρθένος. καὶ γεωργοῖς παρέχεις ἑαυτήν· ἡ δὲ Ἑλένη καὶ ποιμέσι. καὶ κιθαρῳδοῖς χαρίζῃ· οὐ μέλλεις πρὸς τὸν Ἀπόλλω βλέπουσα; σὺ δὲ μηδ’ αὐλητῶν ἀπόσχου, καὶ γὰρ Μουσῶν ἡ τέχνη. μηδὲ δούλων καταφρονήσῃς, ἵνα κἂν διὰ σὲ δοκῶσιν ἐλεύθεροι. μηδὲ τῶν ἀμφὶ κυνηγέσια καὶ θήρας τὰς διαίτας ἐχόντων αἰσχύνεσθαι τὴν Ἀφροδίτην, ὦ καλή· μηδὲ ναυτῶν· ταχέως μὲν ἀπίασιν, ἀλλ’ ὁ Ἰάσων οὐκ

alle werden Deine Fußspuren verehren. O schönes Maß der liebsten Füße, o neue Blumen, o Gewächse der Erde, o aufgedrückte Küsse!

50

[An eine Prostituierte]
Was den anderen verrufen und tadelnswert erscheint, dass Du schamlos bist, dreist und willfährig, gerade das an Dir liebe ich am meisten. Auch bei den Pferden bewundern wir ja die von ihnen, welche Selbstbewusstsein zeigen, bei den Löwen die, welche ein stolzes Wesen haben, und bei den Vögeln die, welche ihren Kopf nicht sinken lassen. Nichts Neues also tust Du, wenn Du, die Du als Frau viele andere an Schönheit überragst, stolz blickst und hochgemut einherschreitest, wenn es eine Akropolis der Schönheit gibt, die weit herrlicher als die der Könige ist, und wenn wir Euch lieben, jene aber fürchten. Du nimmst Lohn – auch Danaë[Z] empfing Gold. Du nimmst auch Kränze an – auch die jungfräuliche Artemis[Z] tut das. Du gibst Dich auch Bauern hin – Helena[T] sogar Hirten. Auch Kitharöden (Sängern zur Kithara) gewährst Du Deine Gunst – warum solltest Du zögern, im Blick auf Apollon[Z]? Entziehe Dich auch den Flötenspielern nicht – auch ihre Kunst kommt ja von den Musen[Z]! Verachte auch die Sklaven nicht, damit sie wenigstens durch Dich frei erscheinen. Schäme Dich nicht wegen der Aphrodite[Z](-Gunst, der Liebe), die Du Waidmännern und Jägern gewährst, meine Schöne, und auch nicht wegen der Seeleute – zwar gehen sie rasch wieder fort, doch auch Iason[A] war nicht ehrlos, er,

ἄτιμος ὁ πρῶτος κατατολμήσας θαλάττης. ἀλλὰ μηδὲ τῶν μισθοῦ στρατευομένων· ἀπόδυε δὲ τούτους τοὺς ὑπερηφάνους. πένησι μὲν γὰρ μηδὲ ἀντείπῃς ποτέ· ἀκούουσιν αὐτῶν οἱ θεοί. τὸν μὲν γέροντα τίμησον διὰ τὴν σεμνότητα, τὸν δὲ νέον δίδαξον, ὡς ἄρτι ἀρχόμενον· τὸν ξένον, ἂν σπεύδῃ, κατάσχε. ταῦτα καὶ Τιμαγόρα καὶ Λαῒς καὶ Ἀρισταγόρα καὶ τὸ Μενάνδρου Γλυκέριον, ὧν κατ' ἴχνη καὶ σὺ βαίνεις. εἰδυῖα χρῆσθαι σεαυτὴν παρέχεις καὶ τὴν σὴν σοφίαν ἐπὶ καιροῦ τῶν ἔργων ἔχουσα. οὔτε γὰρ πῦρ θερμὸν οὕτως ὥς σου τὸ ἆσθμα, οὔτε αὐλὸς ἡδὺ ἄκουσμα οὕτως ὡς τὰ σὰ ῥήματα.

(Olearius 68 / Kayser 38 / Hansmann 59)

51

[Μειρακίῳ πόρνῳ]

Πωλεῖς σεαυτόν· καὶ γὰρ οἱ μισθοφόροι. καὶ παντὸς εἶ τοῦ διδόντος· καὶ γὰρ οἱ κυβερνῆται. οὕτω σου πίνομεν ὡς τῶν ποταμῶν, οὕτως ἁπτόμεθα ὡς τῶν ῥόδων. ἐκείνοις μὲν ἀρέσκεις, ὅτι καὶ γυμνὸς ἕστηκας καὶ δίδως ἐς κρίσιν σεαυτόν, ὃ μόνον κάλλους ἴδιόν ἐστι παρρησίαν εὐτυχοῦντος. μὴ δὴ αἰδοῦ τῷ εὐκόλῳ, ἀλλὰ σεμνύνου τῷ ἑτοίμῳ, καὶ γὰρ ὕδωρ πᾶσι πρόκειται καὶ πῦρ οὐχ ἑνὸς καὶ ἄστρα πάντων καὶ ὁ ἥλιος δημόσιος θεός. τὸ μὲν οἴκημά σου κάλλους ἀκρόπολις, οἱ δὲ ἐσιόντες ἱερεῖς, οἱ δὲ στεφανούμενοι θεωροί, τὸ ἀργύριον φόροι. τῶν ὑπακουόντων ἡδέως βασίλευε καὶ λάμβανε καὶ ἔτι προσκυνοῦ.

(Olearius 69 / Kayser 19 / Hansmann 60)

der sich als erster auf das Meer wagte; schäme Dich auch nicht der Söldner, zieh diese Angeber aber ordentlich aus! Den Armen freilich darfst Du es nie abschlagen; auf sie hören die Götter. Den alten Mann sollst Du ehren wegen seiner Würde, den jungen unterrichten, denn er ist ja Anfänger. Den Fremden halte fest, wenn er vorbeieilen will. Das haben auch Timagora[H] und Laïs[H] und Aristagora[H] und die Glykerion[L] des Menandros[L] getan, und auch Du trittst in ihre Fußstapfen. Im Wissen um diesen Usus gibst Du Dich ihnen hin und hast die Weisheit darüber, was im rechten Moment zu tun ist. Kein Feuer ist so heiß wie Dein Atem, kein Flötenton so lieblich wie Deine Worte.

51

[An einen Prostituierten]
Du bietest Dich zum Kauf an – so ja auch die Söldner. Du gehörst jedem, der bezahlt – so ja auch die Steuerleute. So trinken wir von Dir wie aus den Flüssen, so berühren wir Dich wie die Rosen. Manchen gefällst Du, weil Du Dich sogar nackt hinstellst und Dich zur Prüfung hingibst, was allein das Eigentliche der Schönheit ist, die glücklich alle Freiheit genießt. Schäme Dich also nicht Deiner Willfährigkeit, sondern sei stolz auf Deine Bereitwilligkeit, denn auch das Wasser steht allen zur Verfügung, das Feuer gehört nicht nur einem, die Sterne allen und Helios[K] (die Sonne) ist ein Gott für alle. Dein Haus ist die Akropolis der Schönheit: Die Eintretenden sind Priester, die Kränze Tragenden sind Festboten, das Silbergeld ist Tribut. Sei ein gnädiger König über Deine Untertanen, nimm (die Opfer) an und lass Dich kniefällig verehren!

52

[Γυναικί]

Μηδὲ γράφειν φυγάδα ἀνέξῃ; μηδ' ἐπίνευε φιλοῦσιν οὐκοῦν οὐδὲ ἀναπνεῖν, οὐδὲ κλάειν, οὐδὲ ἄλλα ὅσα ἡ φύσις. μή με διώξῃς τῶν θυρῶν, ὡς τῆς πατρίδος ἡ τύχη, μηδὲ ὀνειδίσῃς πρᾶγμα αὐτόματον οὗ τὸ λαμπρὸν ἐν τῷ ἀλόγῳ τῆς δυνάμεως. ἔφευγε καὶ Ἀριστείδης, ἀλλ' ἐπανήρχετο· καὶ Ξενοφῶν, ἀλλ' οὐ δικαίως· ἔφευγε καὶ Θεμιστοκλῆς, ἀλλ' ἐτιμᾶτο καὶ παρὰ βαρβάροις· καὶ Ἀλκιβιάδης, ἀλλὰ παρετείχιζε καὶ τὰς Ἀθήνας· καὶ Δημοσθένης, ἀλλ' ὁ φθόνος αἴτιος. φεύγει καὶ θάλαττα, ὅταν ὑφ' ἡλίῳ ἐλαύνῃ· καὶ ἥλιος, ὅταν νὺξ καταλαμβάνῃ. φεύγει καὶ μετόπωρον χειμῶνος προσελθόντος, καὶ χειμὼν ἄπεισιν ἔαρος διώκοντος, καὶ συνελόντι εἰπεῖν αἱ τῶν ὑστέρων καιρῶν ἐπιδημίαι τῶν προτέρων εἰσὶ καιρῶν φυγαί. ἐδέξαντο καὶ Ἀθηναῖοι Δήμητραν φεύγουσαν καὶ Διόνυσον μετοικοῦντα καὶ τοὺς Ἡρακλέους παῖδας ἀλωμένους, ὅταν καὶ τὸν Ἐλέου ἐστήσαντο βωμόν, ὡς τρισκαιδεκάτου θεοῦ, οὐκ οἴνου σπένδοντες αὐτῷ καὶ γάλακτος ἀλλὰ δακρύων καὶ τῆς πρὸς τοὺς ἱκετεύοντας αἰδοῦς. ἀνάστησον καὶ σὺ τὸν βωμόν, καὶ κακῶς πράττοντα ἄνθρωπον ἐλέησον, μὴ δὶς γένωμαι φυγὰς καὶ τῆς πατρίδος στερηθεὶς καὶ

52

[An eine Frau]

Wirst Du einem Verbannten nicht einmal das Schreiben gestatten? Dann erlaube Liebenden auch nicht zu atmen, zu weinen und anderes, was von Natur aus so ist. Vertreibe mich nicht von der Tür, wie das Schicksal mich aus der Heimat vertrieben hat. Mache mir nicht ein von selbst entstandenes Geschehen zum Vorwurf, dessen Glanz nur in der Sinnwidrigkeit seiner Kraft liegt. Verbannt war auch Aristeides[H], doch kehrte er zurück, ebenso Xenophon[L], doch nicht zu Recht; verbannt war auch Themistokles[H], doch wurde er auch bei den Barbaren in Ehren gehalten; ebenso Alkibiades[H], doch ließ er sogar eine Festung gegen Athen[S] bauen; ebenso Demosthenes[L], doch war Ursache nur Missgunst. Auf der Flucht ist auch das Meer, wenn es von Helios[K] (der Sonne) vertrieben wird; ebenso Helios, wenn die Nacht übernimmt. Auf der Flucht ist auch der Herbst, wenn der Winter heranrückt, und der Winter geht fort, wenn der Frühling ihn verfolgt – um es mit einem Wort zu sagen: Die Ankunft der nächsten Jahreszeiten bedeutet jeweils die Flucht der vorhergehenden. Aufgenommen haben die Athener[S] die fliehende Demeter[K], ebenso den seinen Wohnsitz wechselnden Dionysos[Z] und die herumirrenden Söhne des Herakles[Z], als sie auch den Altar des Eleos[P] (Erbarmens) als 13. Gott (neben den Zwölfgöttern) errichteten, dem sie nicht Wein und Milch zum Trankopfer darbrachten, sondern Tränen und die Achtung vor den Schutzflehenden. Errichte auch Du den Altar und erbarme Dich eines Mannes, dem es schlecht geht, damit ich nicht doppelt zum Verbannten werde, der Heimat

τοῦ πρὸς σὲ ἔρωτος σφαλείς· ἐὰν γὰρ ἐλεήσῃς, κατελήλυθα.

(Olearius 70 / Kayser 39 / Hansmann 61)

53

[Μειρακίῳ]

Τὴν σωφροσύνην ἐφ' ᾗ μέγα δὴ φρονεῖς οὐκ οἶδα τί εἴπω, πότερον ἀγριότητα ἀντίπαλον τῶν φύσεως ἐπιταγμάτων ἢ φιλοσοφίαν ἀγροικίᾳ πεπυργωμένην ἢ αὐθάδη πρὸς ἡδονὰς δειλίαν ἢ σεμνὴν ὀλιγωρίαν τῶν τοῦ βίου τερπνῶν. ὅ τι δ' ἂν ᾖ καὶ δοκῇ τοῖς σοφισταῖς, δόξῃ μέν ἐστι καλόν, ἔργῳ δὲ ἀπανθρωπότερον. τί γὰρ δὴ μέγα, πρὶν ἀπελθεῖν τοῦ βίου, νεκρὸν εἶναι σώφρονα; στεφάνωσαι πρὶν ὅλως ἀπανθεῖν, καὶ χρίσαι πρὶν σαπῆναι, καὶ κτῆσαι φίλους πρὶν ἔρημον γενέσθαι. καλὸν νυκτὶ προλαβεῖν τὴν νύκτα ἐκείνην· πρὶν διψῆν, πιεῖν· πρὶν πεινῆν, φαγεῖν. ποίαν δοκεῖς ἡμέραν σεαυτοῦ; τὴν χθές; τέθνηκε. τὴν τήμερον; οὐκ ἔστι. τὴν ἐπιοῦσαν; οὐκ οἶδα εἰ παρέσται σοι. καὶ σὺ κἀκεῖνα τῆς τύχης.

(Olearius 71 / Kayser 64 / Hansmann 62)

54

Βερενίκη

Ἡ πυρσαίνουσα μίλτος τὰ χείλη καὶ τὴν παρειὰν ὑπογράφουσα κώλυμα φιλημάτων, κατηγορεῖ δὲ καὶ γῆρας τοῦ προσώπου, ὑφ' οὗ πελιδνὸν μὲν τὸ στόμα, ῥυσσὴ δὲ ἡ παρειὰ καὶ ἔξωρος. ἴσχε

beraubt und in meiner Liebe zu Dir getäuscht! Wenn Du Dich freilich meiner erbarmst, bin ich freigelassen!

53

[An einen jungen Mann]
Wie ich Deine Besonnenheit, auf die Du so stolz bist, nennen soll, weiß ich nicht – ob Wildheit, die den Geboten der Natur entgegensteht, oder Philosophie, die sich auf Rohheit stützt, oder Feigheit, die sich vor Vergnügungen fürchtet, oder erhabene Verachtung der Freuden des Lebens? Was es auch sei oder den Sophisten scheinen mag, es ist dem Anschein nach zwar schön, tatsächlich aber allzu unmenschlich. Was ist es denn Großes, bevor man aus dem Leben scheidet, nur ein besonnener Leichnam zu sein? Bekränze Dich, bevor Du ganz verwelkst, salbe Dich, bevor Du verwest, und gewinne Freunde, bevor Du einsam wirst! Schön ist es, durch die (Liebes)nacht jener (Todes)nacht zuvorzukommen; bevor man dürstet, zu trinken, bevor man hungert, zu essen. Welchen Tag hältst Du für den Deinen? Den gestrigen? Der ist tot. Den heutigen? Der ist nicht Deiner. Den morgigen? Ich weiß nicht, ob er Dir zuteil werden wird. Du und jene gehören dem Schicksal.

54

An Berenike[E]
Die Schminke, die den Lippen Rot und den Wangen Farbe verleiht, ist ein Hindernis für Küsse und beschuldigt das Alter des Gesichts, unter dem der Mund bläulich und die Wangen runzlig und verblüht sind. Lasse also das Schminken und versu-

δὴ χρωματοποιίαν καὶ μηδὲν ἐπιποίει τῷ κάλλει, μὴ καὶ γράψωμαί σε γήρως ἐπὶ τῇ τοῦ προσώπου γραφῇ.

(Olearius 2 / Kayser 40 / Hansmann 2)

55

Ἀθηνοδώρῳ

Οἱ ὀφθαλμοὶ ξύμβουλοι τοῦ ἐρᾶν, σὺ δ' ἀκοὴν σπάσας ἐρᾷς Ἰωνικοῦ μειρακίου οἰκῶν Κόρινθον· τουτὶ δὲ μαντικὸν φαίνεται τοῖς οὔπω εἰδόσιν ὅτι νοῦς ὁρᾷ.

(Olearius 3 / Kayser 41 / Hansmann 3)

56

Ἐπικτήτῳ

Εἰ κρότῳ ἀνοήτῳ χαίρεις, καὶ τοὺς πελαργούς, ἐπειδὰν παριόντας ἡμᾶς κροτῶσιν, ἡγοῦ δῆμον τοσούτῳ σωφρονέστερον τοῦ Ἀθηναίων ὅσῳ μηδὲ αἰτοῦσι μηδὲν ὑπὲρ τοῦ κροτεῖν.

(Olearius 4 / Kayser 42)

57

Ἀριστοβούλῳ

Τὸ ἐρῶντα καρτερεῖν σωφρονέστερον τοῦ μηδὲ ἐρασθῆναι, καὶ γὰρ δὴ καὶ τὰ πολεμικὰ ἄνδρες οὐχ οἱ μὴ τρωθέντες ἀλλ' οἱ νικῶντες ἐν τραύμασιν.

(Olearius 5 / Kayser 43 / Hansmann 4)

che nicht, der Schönheit nachzuhelfen, damit ich Dich nicht wegen des Alters anklagen muss, weil Du Dein Gesicht bemalst.

55

An Athenodoros[E]
Die Augen raten zum Lieben, Du aber hast nur ein Gerücht gehört und liebst einen jungen Mann aus Ionien[S], obwohl Du in Korinth[S] wohnst. Das erscheint denen als Wahnsinn, die noch nicht wissen, dass der Geist sehen kann.

56

An Epiktetos[E]
Wenn Du Dich über unverständigen Applaus (Klappern) freust, musst Du sogar die Störche, die uns, wenn wir vorbeigehen, applaudieren, für ein weitaus verständigeres Volk halten als die Athener[S], denn sie verlangen nichts für ihren Applaus (vgl. u. Nr. 69).

57

An Aristobulos[E]
Wenn ein Liebender standhaft bleibt, ist das verständiger, als sich nur der Liebe zu enthalten. Auch im Krieg sind nicht diejenigen rechte Männer, die keine Wunden davontragen, sondern diejenigen, die mit Wunden siegen.

58

Ἀθηναΐδι

Τὸ μὲν μὴ ἐρῶντι χαρίζεσθαι Λυσίου δόξα, τὸ δὲ ἐρῶντι δοκεῖ Πλάτωνι· σοὶ δὲ καὶ ἐρῶντι καὶ μὴ ἐρῶντι. τοῦτο δὲ σοφὸς μὲν οὐδείς, Λαῒς δέ, οἶμαι, ἐπῄνει.

(Olearius 6 / Kayser 44 / Hansmann 5)

59

Διοδώρῳ

Τὰς ἀπυρήνους ῥοιὰς Ἐρυθραὶ κηπεύουσιν οἰνοχοούσας νᾶμα πότιμον, ὥσπερ τῶν βοτρύων οἱ εὖ πράττοντες. δέκα σοι τούτων τρυγήσας ἔπεμψα· χρῶ δὲ αὐταῖς σιτούμενος μὲν ὡς οἴνῳ, μεθύων δὲ ὡς σίτῳ.

(Olearius 10 / Kayser 45 / Hansmann 6)

60

[Ἑταίρῳ τινί]

Καὶ σὺ πονηρὸς οὕτως ὡς μηδένα ἄλλον ἐλεεῖν, κἀγὼ δυστυχὴς οὕτως ὡς μηδὲ παρ’ ἄλλου λαβεῖν, καὶ πάνυ χαίρω τῇ κακοπραγίᾳ βουλόμενος μηδὲ παύσασθαι διαμαρτάνων, ἵνα παύσῃ μηδὲ σὺ τῆς ἐπὶ τῷ μιαρῷ τοῦ τρόπου κακοδοξίας, τὸ μὲν γὰρ ἐμὸν μιᾶς ἔργον ἡδονῆς, τὸ δὲ σὸν κοινὸν ἐς διαβολὴν τῆς παρὰ πάντων αἰτίας.

(Olearius 12 / Kayser 48 / Hansmann 7)

58

An Athenaïs[E]

Dass man sich einem nicht Liebenden hingeben soll, ist die Lehre des Lysias[D] (in Platons Dialog »Phaidros«), einem Liebenden aber lehrt Platon[D], Du aber sowohl einem Liebenden als auch einem nicht Liebenden. Das hat noch kein Denker gelobt, allenfalls – so meine ich – (die Hetäre) Laïs[H].

59

An Diodoros[E]

Die kernlosen Granatäpfel, die man in Erythrai[S] im Garten hat, geben einen angenehmen Trank wie von Trauben, denen es gut geht. Zehn davon habe ich Dir gepflückt und geschickt; wenn Du sie isst, nutze sie wie Wein, wenn Du betrunken bist, wie Speise.

60

[An einen Gefährten]

Du bist so boshaft, dass Du Dich keines anderen erbarmst, und ich bin so unglücklich, dass ich es von keinem anderen annehme, und doch bin ich fröhlich in meinem Unglück und wünsche, dass es kein Ende nehme mit meinen Fehlschlägen, damit auch Dein schlechter Ruf wegen der Grausamkeit Deines Charakters kein Ende nimmt. Mein Anliegen ist ein Akt eines einzigen Genusses, Deines aber die allgemeine Verleumdung wegen der Anklagen von allen Seiten.

61

Νέστορι

Ἔπεμψά σοι σῦκα ἠρινά, θαυμάζοις δ' ἂν αὐτῶν ἢ τὸ ἤδη ἢ τὸ ἔτι.

(Olearius 9 / Kayser 49)

62

Κλεονίδῃ

Ἡ Σαπφὼ τοῦ ῥόδου ἐρᾷ καὶ στεφανοῖ αὐτὸ ἀεί τινι ἐγκωμίῳ τὰς καλὰς τῶν παρθένων ἐκείνῳ ὁμοιοῦσα, ὁμοιοῖ δὲ αὐτὸ καὶ τοῖς τῶν Χαρίτων πήχεσιν ἐπειδὰν ἀποδύσῃ σφῶν τὰς ὠλένας. ἐκεῖνο μὲν οὖν, εἰ καὶ κάλλιστον ἀνθέων, βραχὺ τὴν ὥραν, παρέπεται γὰρ τοῖς ἄλλοις ἐννεάσαν τῷ ἦρι. τὸ δὲ σὸν εἶδος ἀεὶ τέθηλεν· ὅθεν ὀφθαλμοῖς ἐμμειδιᾷ καὶ παρειαῖς οἷόν τι ἔαρ τὸ μετόπωρον τοῦ κάλλους.

(Olearius 73 / Kayser 51 / Hansmann 64)

63

Νικήτῃ

Οὐ τὸ ἐρᾶν νόσος ἀλλὰ τὸ μὴ ἐρᾶν· εἰ γὰρ ἀπὸ τοῦ ὁρᾶν τὸ ἐρᾶν, τυφλοὶ οἱ μὴ ἐρῶντες.

(Olearius 74 / Kayser 52)

64

[Γυναικί τινι]

Τὴν νεφέλην τῶν ὀφρύων ἀφαιρεῖν ἄμεινον, ὡς μηδὲν κατηφὲς εἴη σοι περὶ τὴν ὥραν· αὐτῶν τε

61

An Nestor[E]
Ich habe Dir Frühlingsfeigen geschickt; Du magst Dich über sie wundern, entweder darüber, dass ich sie schon, oder darüber, dass ich sie noch habe.

62

An Kleonide[E]
Sappho[L] liebt die Rose und bekränzt sie stets mit einem Lob, indem sie die schönen Jungfrauen mit ihr vergleicht; sie vergleicht sie auch mit den Ellen der Chariten[Z], wenn sie sagt, jene entblößten ihre Ellenbogen. Die Rose hat, auch wenn sie die schönste der Blumen ist, nur eine kurze Blütezeit; sie folgt ja den anderen und steht nur im Frühling in voller Blüte. Deine Zierde aber prangt immer; daher lächelt in Deinen Augen und auf Deinen Wangen der Herbst der Schönheit ebenso wie der Frühling.

63

An Niketes[E]
Nicht das Lieben ist eine Krankheit, sondern das Nichtlieben; wenn nämlich »lieben« (*erān*) von »sehen« (*horān*) kommt, dann sind die nicht Liebenden blind.

64

[An eine Frau]
Die Wolke über Deinen Augenbrauen zu entfernen wäre besser, damit nichts Düsteres an Deiner Schönheit sei; auch unter den Jahreszeiten

γὰρ τῶν ὡρῶν ἡδίους αἱ ἀνειμέναι καὶ γελῶσαι, καὶ τὸ κάλλος ἡδονὴν ὥσπερ ἐκ κατόπτρου ἐμφαίνει τῆς περὶ τῷ προσώπῳ γαλήνης· ἣν εἴ μοι θολώσεις, »ἄστρον ὑπέρτατον ἐν ἁμέρᾳ κλεπτόμενον« δόξεις. εἰ δὲ ἐκ Πινδάρου ταῦτα, κἀκεῖνό που κατὰ Πίνδαρον τὸ τὴν ἀκτῖνα τὴν ἀπὸ σοῦ πηδῶσαν εἶναι »τῶν ἐμῶν ὀφθαλμῶν μητέρα.«

(Olearius 72 / Kayser 53 / Hansmann 63)

65

Ἐπικτήτῳ

Φοβοῦ δῆμον παρ' ᾧ πολλὰ δύνασαι.

(Olearius 7 / Kayser 65)

66

Χαρίτωνι

Μεμνήσεσθαι τῶν σῶν λόγων οἴει τοὺς Ἕλληνας ἐπειδὰν τελευτήσῃς· οἱ δὲ μηδὲν ὄντες ὁπότε εἰσίν, τίνες ἂν εἶεν ὁπότε οὐκ εἰσίν;

(Olearius 8 / Kayser 66)

67

Φιλήμονι

Τὸν τραγῳδὸν Διοκλέα, εἰ μὲν ἤδη γιγνώσκεις, ἐπαινεῖς δήπου· εἰ δὲ ἀγνοεῖς, ἐν τοῖς καλῶς ἐπαινουμένοις γράφε, καὶ γενοῦ περὶ αὐτὸν οἷον εἰκὸς ἢ τὸν πεπεισμένον ἢ τὸν μὴ ἀπιστοῦντα.

(Olearius 11 / Kayser 67)

sind uns ja die wolkenlosen, freundlich lächelnden angenehmer, und es strahlt die Schönheit wie aus einem Spiegel Freude aus dem ruhigen Leuchten Deines Angesichts. Wenn Du es trübst, erscheinst Du als »der herrlichste Stern, am Tage beraubt seines Glanzes«. Wenn dies von Pindar[L] (»Paian« 9,1–3) stammt, so ist auch das Folgende nach Pindar: Der Strahl, der aus Dir entspringt, ist »meiner Augen Mutter« (Pindar, ebenda).

65

An Epiktetos[E]
Fürchte das Volk, bei dem Du viel Macht hast.

66

An Chariton[E]
Erinnern werden sich – so meinst Du – die Griechen an Deine Worte, wenn Du gestorben bist; die aber, die nichts sind, während sie sind, wer werden sie sein, wenn sie nicht mehr sind?

67

An Philemon[E]
Den Tragödienschauspieler Diokles[L] lobst Du gewiss, wenn Du ihn bereits kennst; wenn Du ihn nicht kennst, schreibe ihn denen zu, die zu Recht gelobt werden, und verhalte Dich ihm gegenüber so, wie es sich für einen gehört, der von ihm überzeugt ist oder ihm nicht misstraut.

68

Κτησιδήμῳ
Οἱ ἐρωτικοὶ τῶν ποιητῶν ἀγαθὴ ἀκρόασις καὶ ἐξώροις, ἄγουσι γὰρ αὐτοὺς εἰς ἔννοιαν τοῦ ἐρᾶν ὥσπερ ἀνηβηκότας. μὴ δὴ νόμιζε σαυτὸν ὑπερήμερον τῆς τούτων ἀκροάσεως· ἡ γὰρ ξυνουσία τῶν τοιῶνδε ποιητῶν ἢ οὐκ ἐπιλήσει σε ἀφροδισίων ἢ ἀναμνήσει.

(Olearius 14 / Kayser 68 / Hansmann 8)

69

Ἐπικτήτῳ
Οἱ τελούμενοι τῇ Ῥέᾳ μαίνονται πληγέντες τὰ ὦτα κτύποις ὀργάνων. ἀλλ' ἐκεῖνα μὲν κυμβάλων καὶ αὐλῶν ἔργα, σὲ δὲ οὕτως ἐκπλήττουσιν Ἀθηναῖοι κροτοῦντες ὡς ἐκλανθάνεσθαι τίς εἶ καὶ τίνων γέγονας.

(Olearius 15 / Kayser 69)

70

Κλεοφῶντι καὶ Γαίῳ
Ὑπὲρ ὧν ἐπεστείλατε, τὰ μὲν ἤδη γέγονε, τὰ δὲ αὐτίκα ἔσται· ἐγὼ γὰρ Λήμνιος ὢν πατρίδα ἐμαυτοῦ καὶ τὴν Ἴμβρον ἡγοῦμαι, συνάπτων εὐνοίᾳ καὶ τὰς νήσους ἀλλήλαις καὶ ἐμαυτὸν ἀμφοτέραις.

(Olearius 16 / Kayser 70)

68

An Ktesidemos[E]

Den erotischen unter den Dichtern hört man gerne zu, auch wenn man über die (Jugend-)Blüte hinaus ist. Sie bringen uns auf Gedanken über das Lieben, als kehre man (in die Jugend) zurück. Halte Dich also nicht für zu alt, ihnen zuzuhören. Der Umgang mit Dichtern dieser Art wird Dich die Liebesfreuden nicht vergessen lassen oder Dich zumindest an sie erinnern.

69

An Epiktetos[E]

Die sich in die Mysterien der Rhea[K] einweihen lassen, werden von Raserei geschlagen, wenn ihre Ohren von dem Klang der Instrumente getroffen werden. Dies aber sind bloß die Werke von Zymbeln und Flöten, Dich aber erschrecken die Athener[S] durch ihren Applaus (vgl. o. Nr. 56), sodass Du nicht mehr weißt, wer Du bist und von wem Du abstammst.

70

An Kleophon[E] und Gaius[E]

Die Angelegenheit, von der Ihr schreibt, ist teils schon erledigt, teils wird sie es alsbald sein; ich stamme zwar aus Lemnos[S], halte aber auch Imbros[S] für meine Heimat, indem ich voll Wohlwollen die beiden Inseln miteinander und mich selbst mit beiden verbinde.

71

Πλεισταιρετιανῷ

Τὸ ποιητικὸν ἔθνος πολλοὶ καὶ πλείους ἢ οἱ τῶν μελιττῶν ἑσμοί, βόσκουσι δὲ τὰς μὲν λειμῶνες, τοὺς δὲ οἰκίαι καὶ πόλεις· ἀνθεστιῶσί τε οἱ μὲν κηρίοις, οἱ δὲ ὀψοποιίᾳ λαμπρᾷ. εἰσὶ δὲ τῶν ποιητῶν οἱ καὶ τραγήμασιν ἑστιῶντες· τούτους δὲ ἡγώμεθα τοὺς τῶν ἐρωτικῶν ποιητάς, ὧν εἷς καὶ Κέλσος οὗτος ᾠδαῖς παραδεδωκὼς τὸν ἑαυτοῦ βίον, ὥσπερ οἱ χρηστοὶ τέττιγες. ὡς δ' ἂν μὴ δρόσῳ ἀλλὰ σιτίοις ἀληθινοῖς τραφείη, πεπίστευκά σοι μελήσειν.

(Olearius 17 / Kayser 71 / Hansmann 9)

72

Ἀντωνίνῳ

Οἱ πελαργοὶ τὰς πεπορθημένας πόλεις οὐκ ἐσπέτονται, κακῶν πεπαυμένων ἠχὼ φεύγοντες· σὺ δὲ οἰκίαν οἰκεῖς ἣν αὐτὸς ἐπόρθησας, καὶ θεοῖς τοῖς ἐν αὐτῇ θύεις ὥσπερ οὐκ οὖσιν, ἢ οὖσι μὲν ἐκλελησμένοις δὲ ὅτι καὶ τὰ ἐκείνων ἔχεις.

(Olearius 18 / Kayser 72)

73

Ἰουλίᾳ Σεβαστῇ

Οὐδὲ ὁ θεσπέσιος Πλάτων τοῖς σοφισταῖς ἐβάσκηνεν, εἰ καὶ σφόδρα ἐνίοις δοκεῖ τοῦτο, ἀλλὰ φιλοτίμως πρὸς αὐτοὺς εἶχεν, ἐπειδὴ διεφοίτων θέλγοντες μικράς τε καὶ μείζους πόλεις τὸν Ὀρφέως καὶ Θαμύρου τρόπον, τοῦ δὲ βασκαίνειν

71

An Pleistairetianos[E]
Zahlreich ist das Dichtervolk, zahlreicher noch als die Schwärme der Bienen; die einen finden Nahrung auf Wiesen, die anderen in Häusern und in Städten. Die einen reichen ihrerseits Honig als Speisung dar, die anderen herrliche Tafelfreuden. Es gibt aber unter den Dichtern auch solche, die Naschereien anbieten: Für diese halten wir die erotischen Dichter, von denen einer Kelsos[L] ist, der sein Leben den Oden geweiht hat, wie die tüchtigen Zikaden. Darum aber, dass er sich nicht von Tau, sondern mit wahren Speisen ernähre, wirst Du Dich – davon bin ich überzeugt – kümmern.

72

An Antoninus (Caracalla)[H]
Die Störche fliegen nicht in zerstörte Städte, weil sie vor dem Echo vergangener Übel fliehen. Du aber wohnst in einem Haus, das Du selbst zerstört hast, und opferst den Göttern, die es bewohnen, als wenn es sie nicht gäbe, oder als wenn es sie zwar gäbe, sie aber vergessen hätten, dass Du sogar ihr Eigentum beschlagnahmt hast.

73

An Iulia (Domna)[H] Augusta
Mitnichten war der göttliche Platon[D] neidisch auf die Sophisten, auch wenn einige fest davon überzeugt sind; vielmehr eiferte er ihnen nach, die sie bezaubernde kleine und große Städte in der Art von Orpheus[L] und Thamyris[L] bereisten. Er war so

ἀπεῖχε τοσοῦτον ὅσον φιλοτιμία φθόνου· φθόνος μὲν γὰρ τρέφει τὰς μοχθηρὰς φύσεις, φιλοτιμία δὲ τὰς λαμπρὰς ἐγείρει, καὶ βασκαίνει μέν τις τὰ μὴ ἑαυτῷ ἐφικτά, ἃ δὲ ἄμεινον ἢ μὴ χεῖρον διαθήσεται, φιλοτιμεῖται πρὸς ταῦτα.

ὁ γοῦν Πλάτων καὶ ἐς τὰς ἰδέας τῶν σοφιστῶν ἵεται καὶ οὔτε τῷ Γοργίᾳ παρίησι τὸ ἑαυτοῦ ἄμεινον γοργιάζειν πολλά τε κατὰ τὴν Ἱππίου καὶ Πρωταγόρου ἠχὼ φθέγγεται. ζηλωταὶ δὲ ἐγένοντο ἄλλοι μὲν ἄλλων, καὶ γὰρ δὴ καὶ ὁ τοῦ Γρύλλου φιλοτιμεῖται πρὸς τὸν τοῦ Προδίκου Ἡρακλέα, ὁπότε ὁ Πρόδικος τὴν Κακίαν καὶ τὴν Ἀρετὴν ἄγει παρὰ τὸν Ἡρακλέα καλούσας αὐτὸν ἐς βίου αἵρεσιν.

Γοργίου δὲ θαυμασταὶ ἦσαν ἄριστοί τε καὶ πλεῖστοι· πρῶτον μὲν οἱ κατὰ Θετταλίαν Ἕλληνες, παρ' οἷς τὸ ῥητορεύειν γοργιάζειν ἐπωνυμίαν ἔσχεν, εἶτα τὸ ξύμπαν Ἑλληνικόν, ἐν οἷς Ὀλυμπίασι διελέχθη κατὰ τῶν βαρβάρων ἀπὸ τῆς τοῦ νεὼ βαλβῖδος.

λέγεται δὲ καὶ Ἀσπασία ἡ Μιλησία τὴν τοῦ Περικλέους γλῶτταν κατὰ Γοργίαν θῆξαι, Κριτίας δὲ καὶ Θουκυδίδης οὐκ ἀγνοοῦνται τὸ μεγαλόγνωμον καὶ τὴν ὀφρὺν παρ' αὐτοῦ κεκτημένοι, μεταποιοῦντες δὲ αὐτὸ ἐς τὸ οἰκεῖον ὁ μὲν ὑπ' εὐγλωττίας ὁ δὲ ὑπὸ ῥώμης.

καὶ Αἰσχίνης δὲ ὁ ἀπὸ τοῦ Σωκράτους, ὑπὲρ οὗ πρώην ἐσπούδαζες ὡς οὐκ ἀφανῶς τοὺς διαλόγους κολάζοντος, οὐκ ὤκνει γοργιάζειν ἐν τῷ περὶ τῆς Θαργηλίας λόγῳ, φησὶ γάρ που

weit vom Neiden entfernt wie das Nacheifern von Eifersucht. Eifersucht nämlich nährt unedle Naturen, Eifer aber erhebt die Hervorstrahlenden, und man beneidet, was man selbst nicht erreichen kann, eifert aber dem nach, was man besser oder nicht schlechter tun kann.

Platon[D] also nimmt eifrig die stilistischen Formen der Sophisten und lässt sich von Gorgias[D] nicht beim »Gorgiasieren« (Schreiben im Stil des Gorgias) übertreffen und äußert viel in der klangvollen Art des Hippias[D] und Protagoras[D]. Einige haben dem einen Sophisten nachgeeifert, andere dem anderen. So hat der Sohn des Gryllos[L] (Xenophon[L]) dem »Herakles« des Prodikos[D] in der Passage nachgeeifert, in der jener Kakia[P] (Laster) und Arete[P] (Tugend) vor Herakles[Z] führt, die ihn vor die Wahl seines Lebens stellen.

Die Bewunderer des Gorgias[D] waren ausgezeichnete und sehr zahlreiche Männer; zuerst waren es die Griechen aus Thessalien[S], unter denen die Redekunst den Namen »Gorgiasieren« bekam; dann das ganze Griechentum, vor dem er in Olympia[S] seine Rede gegen die Barbaren von der Schwelle des Tempels aus vortrug.

Es heißt, dass auch Aspasia[H] aus Miletos[S] die Zunge des Perikles[H] zur Art des Gorgias[D] geschärft habe, und wohlbekannt ist, dass Kritias[D] und Thukydides[L] die Erhabenheit und Strenge von ihm erworben haben, den Stil aber nach ihrem Stil umgestalteten, der eine durch Geläufigkeit, der andere durch Kraft.

Auch Aischines[D], der Schüler des Sokrates[D], den Du vor kurzem studiert hast, da seine Dialoge in einem besonders schweren Stil geschrieben sind, zögerte nicht, in seiner Rede über die »Thar-

ὧδε· »Θαργηλία Μιλησία ἐλθοῦσα εἰς Θετταλίαν ξυνῆν Ἀντιόχῳ Θετταλῷ βασιλεύοντι πάντων Θετταλῶν.« αἱ δὲ ἀποστάσεις αἵ τε προσβολαὶ τῶν λόγων Γοργίου ἐπεχωρίαζον πολλαχοῦ μέν, μάλιστα δὲ ἐν τῷ τῶν ἐποποιῶν κύκλῳ.

πεῖθε δὴ καὶ σύ, ὦ βασίλεια, τὸν θαρσαλεώτερον τοῦ Ἑλληνικοῦ Πλούταρχον μὴ ἄχθεσθαι τοῖς σοφισταῖς μηδὲ ἐς διαβολὰς καθίστασθαι τοῦ Γοργίου. εἰ δὲ οὐ πείθεις, σὺ μέν, οἵα σου σοφία καὶ μῆτις, οἶσθα τί χρὴ ὄνομα θέσθαι τῷ τοιῷδε· ἐγὼ δὲ εἰπεῖν ἔχων οὐκ ἔχω.

(Olearius 13 / Kayser 73)

gelia[H]« zu »gorgiasieren«; er sagt ja an einer Stelle: »Thargelia aus Miletos[S] kam nach Thessalien[S] und war mit Antiochos[H], dem König aller Thessalier, zusammen.« Auch *apostaseis* und *prosbolai* (emphatische Pausen und plötzliche Übergänge) in Gorgias' Reden waren allüberall verbreitet, insbesondere aber im Kreis der epischen Dichter.

So gewinne Du, meine Königin, auch den kühnsten des Griechentums, Plutarchos[L], dafür, keinen Anstoß an den Sophisten zu nehmen und sich auf Verleumdungen des Gorgias[D] zu verlegen. Wenn Du ihn nicht gewinnen kannst, dann weißt Du in Deiner Weisheit und Klugheit, welchen Beinamen man einem Mann dieser Art geben muss; ich könnte ihn sagen, kann aber nicht.

(Zur Deutung dieses Briefes
s. Anderson 1977 und Penella 1979)

Anhang

Weiterführende Literatur

Wichtige Ausgaben und Übersetzungen

Marcus Musurus, Epistolae diversorum philosophorum oratorum rhetorum sex & viginta, Venedig 1499 (»Aldina«) [Erstausgabe]

Gottfried Olearius, Philostratorum quae supersunt omnia, Leipzig 1709 [Konkordanz s. u. S. 128; Olearius' Nr. 1 ist kein Brief]

Jean François Boissonade, Philostrati Epistolae, Paris 1842

Carl Ludwig Kayser, Flavii Philostrati quae supersunt, Zürich 1844 [Konkordanz s. u. S. 128]

Anton Westermann, Philostratorum et Callistrati Opera, Paris 1849

Adolph Heinrich Christian, Flavius Philostratus des Ältern Werke, Bd. 7 (Griechische Prosaiker in neueren Übersetzungen 240), Stuttgart 1855 (1321–1379)

Carl Ludwig Kayser, Flavii Philostrati opera, Band II, Leipzig (Teubner) 1871 [Konkordanz s. u. S. 128]

Rudolph Hercher, Epistolographi Graeci, Paris 1873 [Nummern nach Kayser]

Hans Licht, Homoerotische Briefe des Philostratos, in: Anthropophytheia 8, 1911, 216–224 (zur Identität von Hans Licht mit dem Philologen Paul Hans Brandt siehe Bernd-Ulrich Hergemöller in: Personenlexikon der Sexualforschung, hg. v. Volkmar Sigusch / Günter Grau, Frankfurt a. M. 2009, 80–82, dort allerdings auch eine falsche Gleichsetzung mit dem Kunsthistoriker Paul Brandt)

Paul Hansmann, Des älteren Philostratos erotische Briefe, Berlin 1919 (erneut Frankfurt a. M. 1989; Auswahl) [Konkordanz s. u. S. 128; Hansmanns Nr. 1 ist kein Brief]

Allen Rogers Benner / Francis H. Fobes, The Letters of Alciphron, Aelian and Philostratus (Loeb Classical Library 383), Cambridge / Mass. 1949 [Nummern nach Kayser]

Bernhard Kytzler, Erotische Briefe der griechischen Antike, München 1967

Charles Desmond Nuttall Costa, Greek Fictional Letters, Oxford 2001 (50–59, 153–161; Auswahl)

Fabricio Conca / Giuseppe Zanetto, Alcifrone / Filostrato / Aristeneto, Lettere d'Amore, Mailand 2005

Rafael J. Gallé Cejudo, Filóstrato, Cartas de Amor / Aristéneto, Cartas (Biblioteca Clasica Gredos 382), Madrid 2010

Philostratos, Ausgaben anderer Werke

Vroni Mumprecht, Philostratos, Das Leben des Apollonios von Tyana, München / Zürich 1983

Peter Grossardt, Einführung, Übersetzung und Kommentar zum Heroikos von Flavius Philostrat, 2 Bände, Basel 2006

Kai Brodersen, Philostratos, Leben der Sophisten, Wiesbaden 2014

Kai Brodersen, Philostratos, Sport in der Antike, Wiesbaden 2015

Cordula Bachmann, Philostratos, Bilder einer Ausstellung, Wiesbaden 2018

Inschriftenpublikationen zu Philostratos' Leben

Athen – Benjamin D. Meritt / John Traill, The Athenian Councillors (The Athenian Agora 15), Princeton 1974

Erythrai – Helmut Engelmann / Reinhold Merkelbach, Die Inschriften von Erythrai und Klazomenai, Teil 1 (Inschriften griechischer Städte aus Kleinasien 1), Bonn 1972

Olympia – Wilhelm Dittenberger / Karl Purgold, Die Inschriften von Olympia (Olympia: Die Ergebnisse, Textband 5), Berlin 1896

Studien zu Philostratos und seinen Liebesbriefen

Wilhelm Schmid, Der Atticismus in seinen Hauptvertretern, Bd. IV, Stuttgart 1896

Karl Münscher, Die Philostrate, in: Philologus Supplement 10, Leipzig 1907, 467–558 (spez. 524–537)

Glen W. Bowersock, Greek Sophists in the Roman Empire, Oxford 1969

Graham Anderson, Pressure on Plutarch: Philostratus Epistle 73, in: Classical Philology 72, 1977, 43–45

Robert J. Penella, Philostratus' Letter to Julia Domna, in: Hermes 107, 1979, 161–168

Graham Anderson, Philostratus: Biography and Belles Lettres in the Third Century A.D., London 1986 (273–277)

Ludo de Lannoy, Le problème des Philostrate. État de la question, in: Aufstieg und Niedergang der Römischen Welt Bd. II 34, 3, Berlin / New York 1997, 2362–2449

Alain Billault, L'univers de Philostrate (Collection Latomus 252), Brüssel 2000

Patricia A. Rosenmeyer, Ancient Epistolary Fictions, Cambridge 2001 (322–338)

Simon Goldhill, Constructing Identity in Philostratus' Love Letters, in: Ewen Bowie / Jaś Elsner (Hgg.), Philostratus (Greek Culture in the Roman World), Cambridge 2009, 287–305

Zum Nachleben

Statutes of the Colleges of Oxford, Bd. III, London 1853 (50)

Josef Kroll, Die Briefe Philostrats in Shakespeares Sonetten, in: Philologus 106, 1962, 246–266

Ben Jonson, Epigrams and The Forest (1616), hg. v. Richard Dutton, Manchester 1984 (102–103)

[Anonymus], Six glees Composed by an amateur, and most respectfully inscribed to Miss Fisher, London (Printed for Will[ia]m Napier) o. J. (1785) [Oxford, Bodleian Library, Harding Mus. E 570; freundlicher Hinweis von Christopher Straw; vgl. www.notamos.co.uk/146331.shtml]

Joseph Haydn, Volksliedbearbeitungen (Hob. XXXIa), Schottische Lieder [für William Napier], Nr. 1–100 hg. v. Karl Geiringer, Nr. 101–150 hg. v. Andreas Friesenhagen (Haydn Gesamtausgabe XXXII 1–2), München 1961–2001

Für die engagierte verlegerische Betreuung dieses Bandes danke ich Lothar Wekel und für das Mitlesen der Korrekturen Cordula Bachmann, Timo Gimbel, Johanna Leithoff, Veit Rosenberger † und meiner lieben Frau Christiane.

Universität Erfurt *Kai Brodersen*

Konkordanz zu älteren Ausgaben (s. o. S. 125–126)

Olearius		38	12	**Kayser**		37	48	**Hans-**		37	20
2	54	39	13	1	3	38	50	**mann**		38	21
3	55	40	14	2	4	39	52	2	54	39	22
4	56	41	15	3	1	40	54	3	55	40	23
5	57	42	16	4	11	41	55	4	57	41	24
6	58	43	17	5	15	42	56	5	58	42	25
7	65	44	18	6	17	43	57	6	59	43	26
8	66	45	19	7	18	44	58	7	60	44	27
9	61	46	20	8	20	45	59	8	68	45	28
10	59	47	21	9	7	46	5	9	71	46	29
11	67	48	22	10	24	47	16	10	45	47	30
12	60	49	23	11	22	48	60	11	46	48	31
13	73	50	24	12	25	49	61	12	48	49	33
14	68	51	25	13	34	50	23	13	49	50	34
15	69	52	26	14	45	51	62	14	38	51	32
16	70	53	27	15	37	52	63	15	39	52	35
17	71	54	28	16	41	53	64	16	40	53	36
18	72	55	29	17	9	54	2	17	41	54	37
19	45	56	30	18	49	55	8	18	1	55	43
20	46	57	31	19	51	56	26	19	2	55	42
21	48	58	33	20	6	57	30	20	3	57	44
22	49	59	34	21	12	58	35	21	4	58	47
23	38	60	32	22	14	59	36	22	5	59	50
24	39	61	35	23	19	60	38	23	6	60	51
25	40	62	36	24	28	61	42	24	7	61	52
26	41	63	37	25	29	62	44	25	8	62	53
27	1	64	42	26	31	63	10	26	9	63	64
28	2	65	43	27	13	64	53	27	10	64	62
29	3	66	44	28	21	65	65	28	11		
30	4	67	47	29	27	66	66	29	12		
31	5	68	50	30	33	67	67	30	13		
32	6	69	51	31	32	68	68	31	14		
33	7	70	52	32	40	69	69	32	15		
34	8	71	53	33	39	70	70	33	16		
35	9	72	64	34	43	71	71	34	17		
36	10	73	62	35	46	72	72	35	18		
37	11	74	63	36	47	73	73	36	19